成功する子は食べ物が9割

脳と体がすくすく育つ離乳食

ルタント

E

主婦の友社

はじめての離乳食は
わからないことや不安なことだらけ。
最新情報をインプットしながら、
この本でいっしょに解決しましょう！

「おっぱい・ミルクだけでは
栄養が足りなくなるって聞くけど、ホント？」

↓ 離乳食を始めないと、栄養が不足してしまいます！
赤ちゃんの脳と体を育てる栄養を
食事で補っていきましょう。

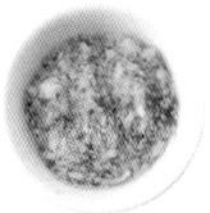

「何をどれくらい食べさせればいい？」

↓ この本では、すべての時期に
おすすめの食材と目安量を紹介しました。
もちろん、赤ちゃんだって食欲や体格に個性があるし、
こぼしたり残したり。
おおまかな参考にしてください。

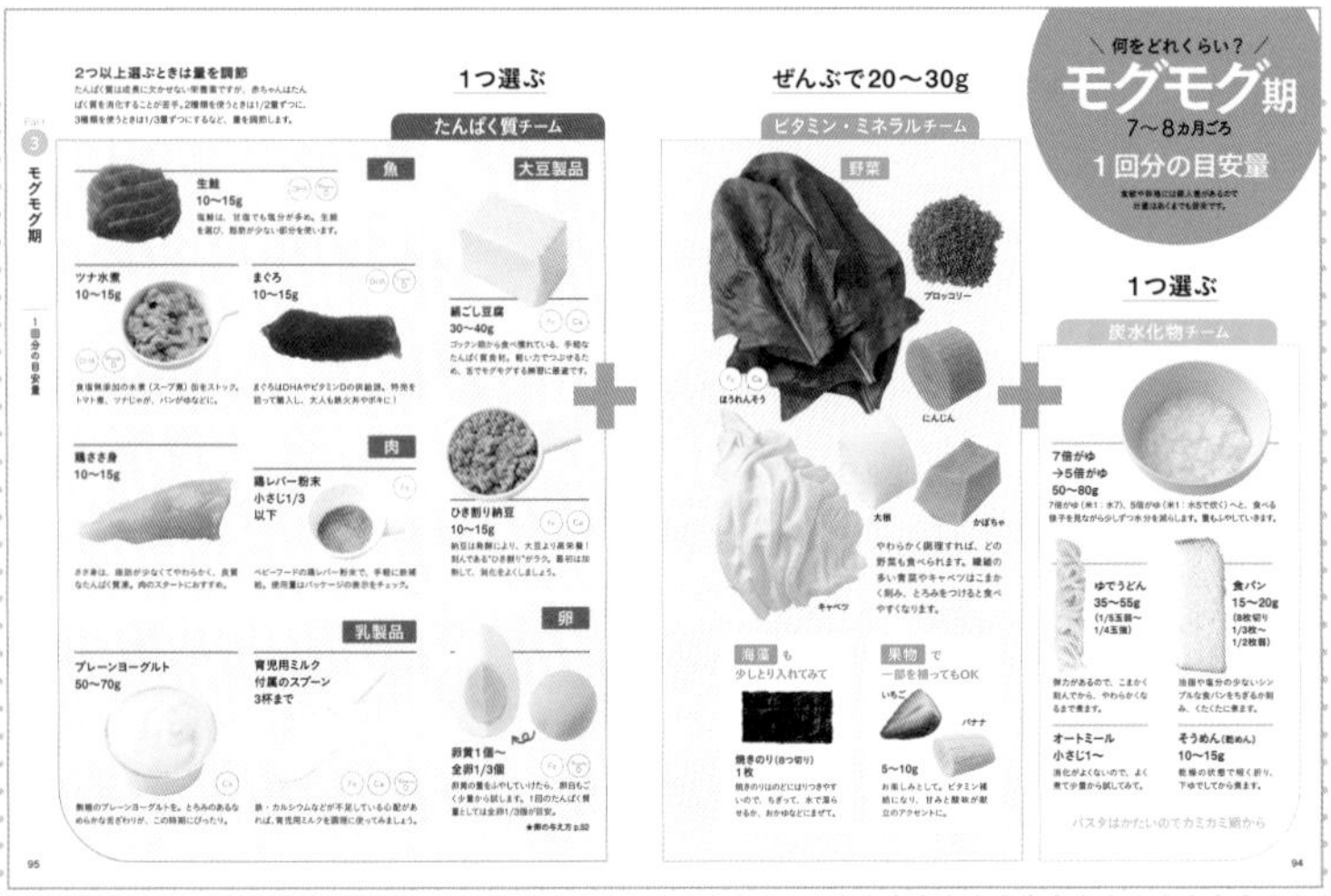

「大人の食事も作って、離乳食も作るの……、
たいへんです」

ゆる分けして料理の手間を省いて、
親子で同じ食材を食べましょう！
大人も貧血にならないように、ちゃんと栄養をとって!!

食事はおいしくて楽しいのがいちばん！
ママもパパも
いっぱい笑って会話しながら食べましょう。
幸せに食べる姿を見せましょう。
そして赤ちゃんを
食べることが好きな子に育てましょう♡

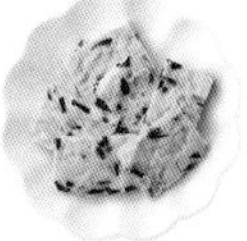

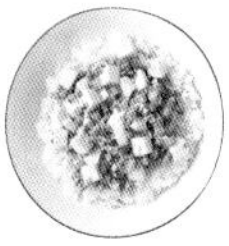

赤ちゃんは日々
成長します。
だから私たち親も
Fight！

予防医療・栄養コンサルタント
一般社団法人ラブテリ代表理事
細川モモ

赤ちゃん時代の栄養が「その子の将来」をつくる

最初の1000日が人生を左右する

人生「最初の1000日」という言葉を聞いたことがあるでしょうか。赤ちゃんがお母さんのおなかの中で過ごす270日と、誕生から2才になるまでの730日（365日×2年間）のことです。

最初の1000日の栄養状態は、ほかのどの時期よりも、一生の健康と幸せに関わるといわれています。将来の学力や生涯年収にまで影響するという報告も！

離乳食を始める赤ちゃんは、この最初の1000日の真っただ中にいます。出生時の体重は1年後に3倍になり、脳は爆発的にサイズアップするのです。

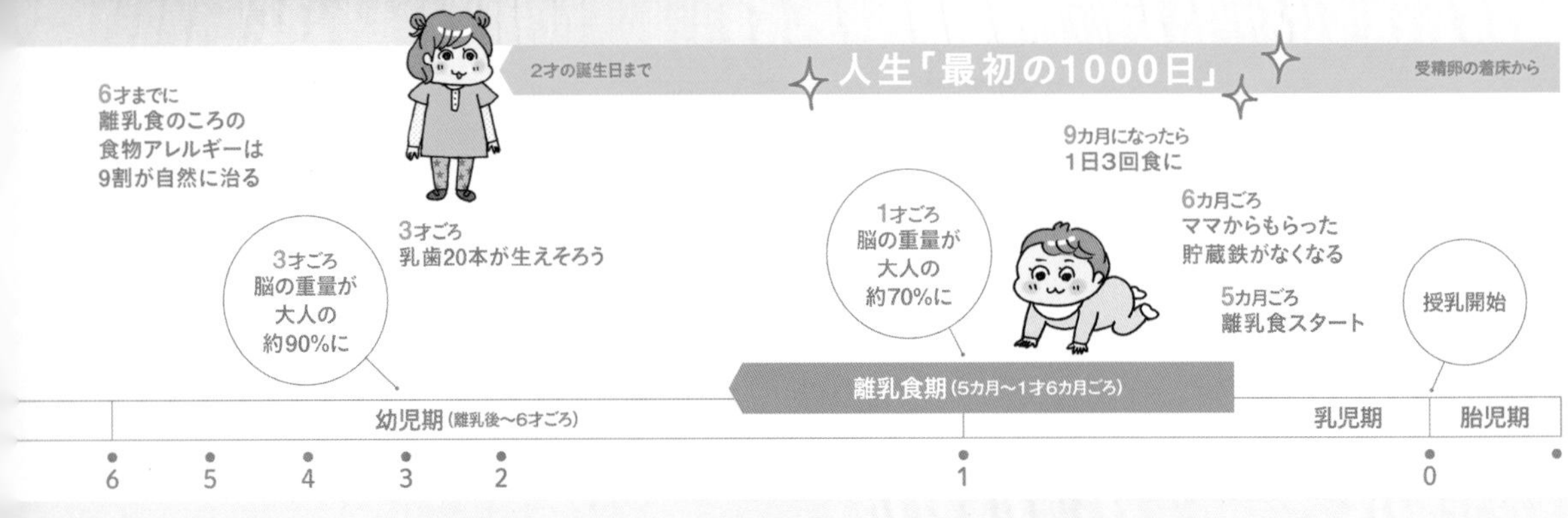

だから離乳食はがんばる価値がある

一生のうちで最も目覚ましく成長するこの時期に、欠かせないのが「栄養」です。産後は授乳であり、生後5〜6カ月からは食べ物（離乳食）になっていきます。

離乳食作りはたいへんなのですが、二度とこない1年限定のイベントです。親が栄養を考えて作る食事は、将来きっと、想像以上のものをはぐくんでくれます。

どんな食べ物を選び、どう食べさせて、赤ちゃんの脳と体を育てるのか。この本でいっしょに、実践していきませんか？

食いしん坊になれば強く生き抜ける

成長期の栄養はとても大事。でも、栄養をとるだけが食事ではありません。これから親より長い人生を歩むだろう子どもたちが、1日3回の食事を「おいしいな、幸せだな」と、生きる力にしていけるように育てること。それも、親のたいせつな役目です。

食べることが好きな「食いしん坊」に育ったら、親は少し安心を！　なぜなら、食事の時間が幸せなら、1日に3回も幸せが訪れるからです。食べることが好きな人は、ストレス耐性が強く、人生の幸福度も高いという報告があります。

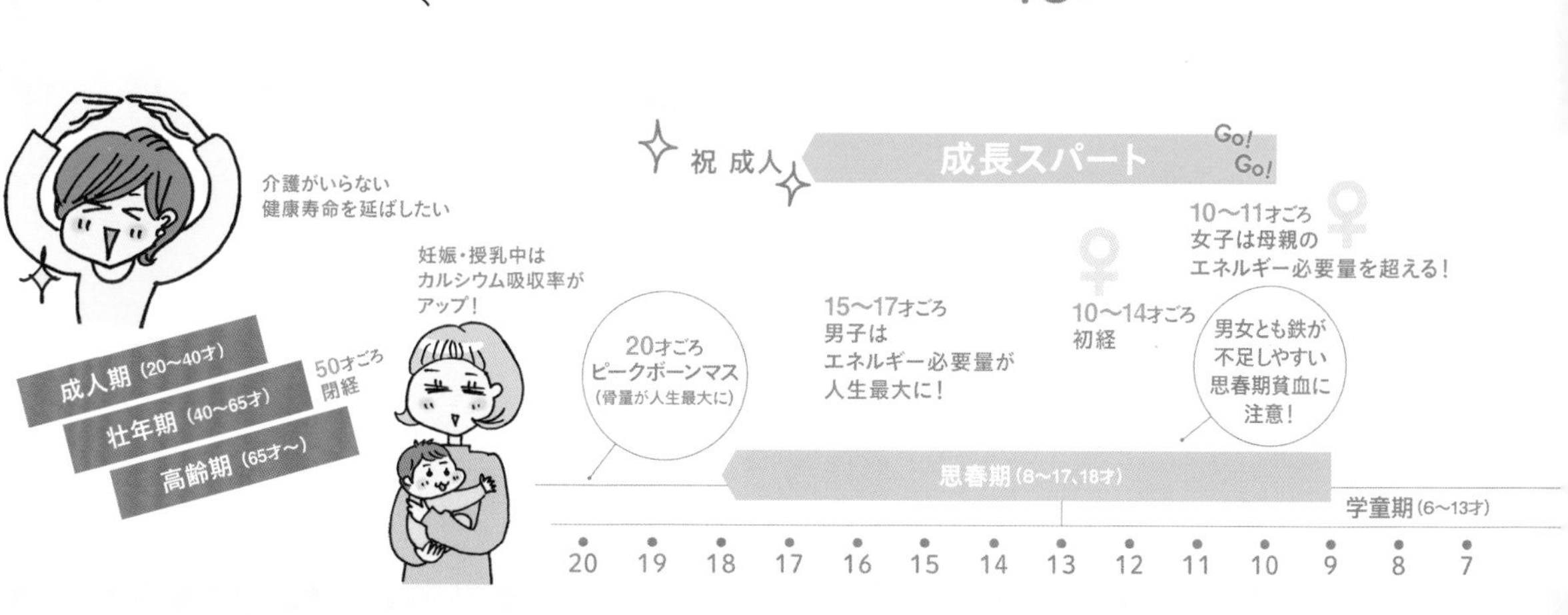

食べることを通して「心と体」が豊かに育つ

大事にしたい「おいしくて幸せ！」

赤ちゃんも家族の一員。まだ大人と同じものは食べられなくても〝ゆる分け〟(80ページ)しながら、「おいしくて幸せ！」な食卓に仲間入りさせましょう。

家族とおいしく食べると、だ液の分泌が活発になって、栄養の吸収もよくなります。苦手な食べ物も、信頼する親やほかの大人が食べていれば、挑戦したくなります。「いただきます」「ごちそうさま」「もったいない」といった感謝や思いやりも、食卓で育ちます。周囲の愛情が伝わって、心もすくすく育つのです。

消化吸収にも少しずつ慣れていく

赤ちゃんは消化吸収する力が未熟とはいっても、1才ごろには食べることに慣れて、大人とほぼ同じものが食べられるようになります。はちみつや生卵、刺し身などは少し先、というルールはありますが、「絶対にダメ」はごく一部です。

家族で「おいしいね」「楽しいね」を共有していけば、自然と食べられるものはふえていきます。一時的に好き嫌いや偏食があっても、「大人になるまでに食べられればいい」くらいの長い目で、食べる力をゆっくり育てていきましょう。

〝食べ方〟は大人がお手本になる

赤ちゃんは見て学ぶ、見てまねをする生き物です。大人が思っている以上に、口の動かし方、かみ方、手の動かし方などを、じ～っと観察して学んでいます。

大人にとっては簡単な、目で見て、手でつかみ、口に運ぶという動きは、実はとても難易度の高い協調運動。前歯でかじり、ちょうどいい量を口に入れることも、練習しながら上達します。ママ・パパがお手本となり、食べるところをたくさん見せてあげましょう。

大人の分も
いっしょに作って
ゆる分け♡

自分で食べたい！好奇心を伸ばす

あ～んと口をあけて待つだけの赤ちゃんが、食べることに余裕が出てくると、自分で手をのばし、食べ物にさわって「これはなんだろう？」と研究。苦いかも、すっぱいかもしれないものも、パクッ！

離乳食を通して育つのは、栄養を消化吸収する力、かむ力はもちろん、「自分で食べたい！」という好奇心と意欲です。大人に頼らずにやってみる自立心でもあります。たいへんに感じる時期もありますが、根気よく応援してあげてくださいね。

1才代には
手づかみ食べも
ベテランに☆

「個性」に寄り添って親はおおらかに

食べる様子を見ながら「行きつ戻りつ」でOK

離乳食の道のりはみんなジグザグ

離乳食をあげる時期は、赤ちゃんの食べる能力の発達に合わせて、4つの段階に分けて考えます。ただ、これはあくまでも目安。7カ月で「つぶつぶ」に、9カ月になったら「コロコロ」にしなければいけない、というわけではありません。

赤ちゃんの個性は無限大。進みの早い子も遅い子もいますし、あと戻りするのもよくあることです。親はあれこれ悩みますが、赤ちゃんは日々、食べることを学んでいくからだいじょうぶ！　1年後には、頼もしく成長していますよ!!

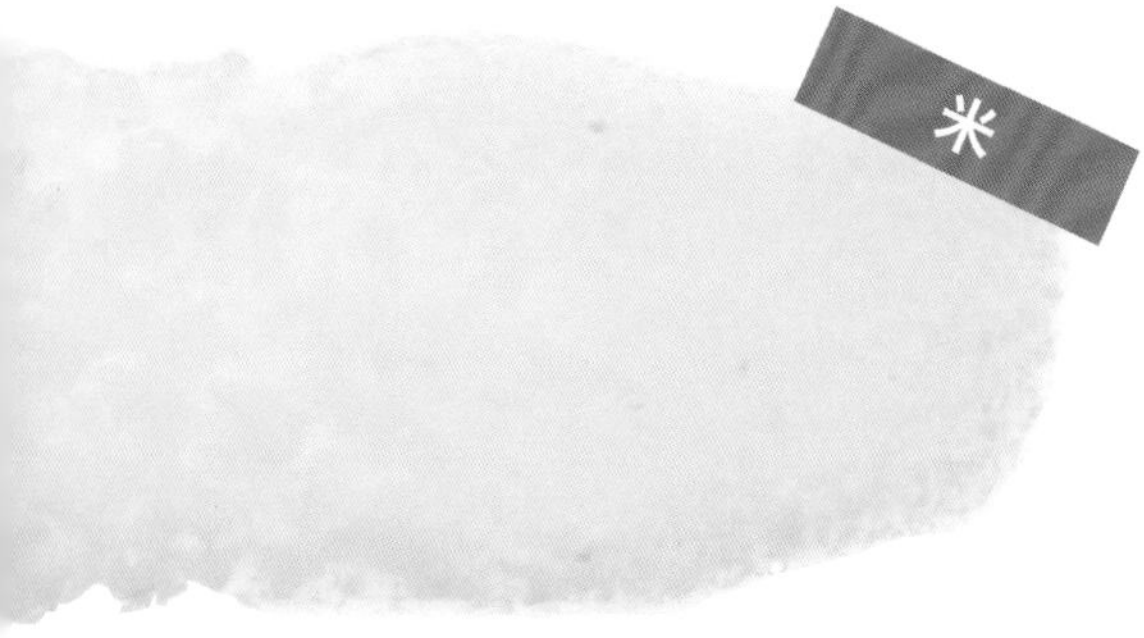

10倍がゆ

ベタベタ　とろとろ

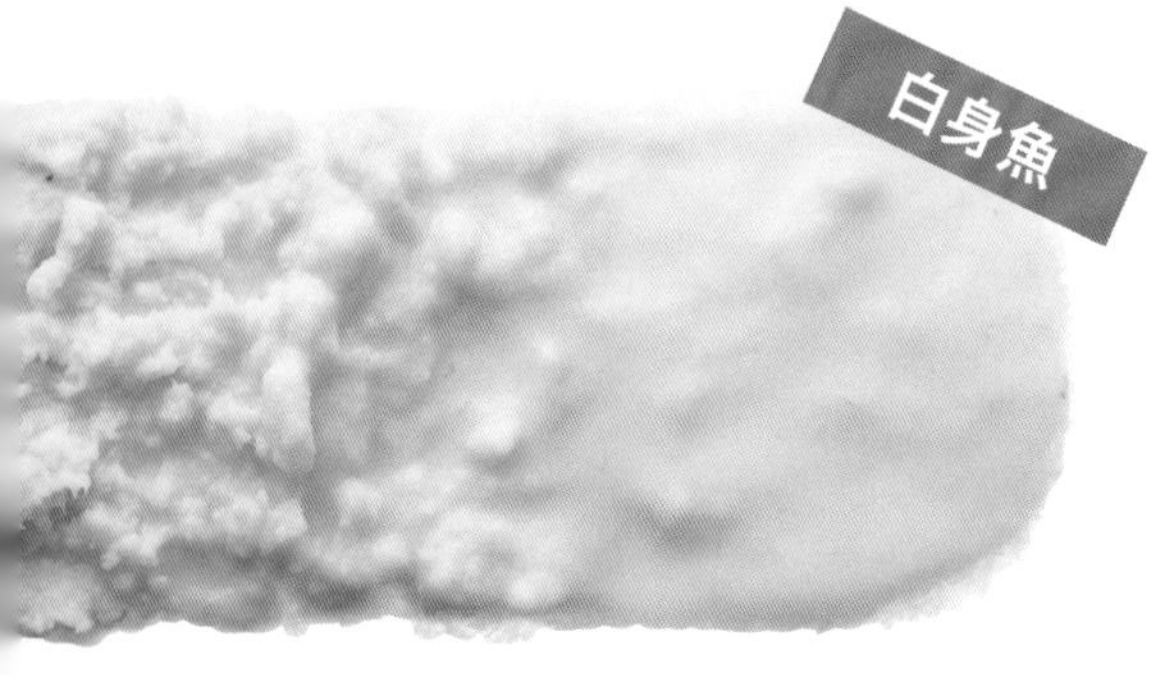

ベタベタ　とろとろ

ゴックン期

5〜6カ月ごろ

とろとろに慣れたら水分を減らしてベタベタに

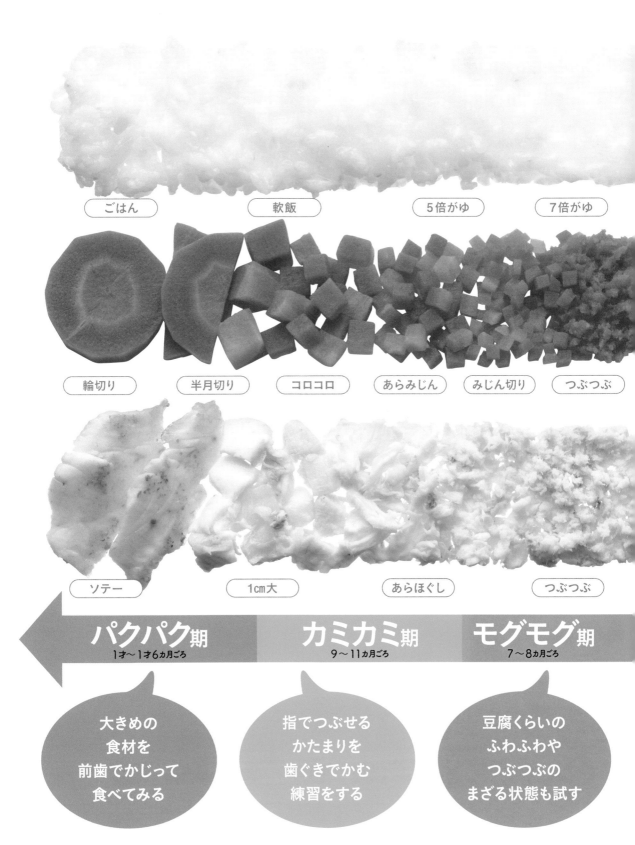

ごはん　軟飯　5倍がゆ　7倍がゆ

輪切り　半月切り　コロコロ　あらみじん　みじん切り　つぶつぶ

ソテー　1cm大　あらほぐし　つぶつぶ

パクパク期
1才～1才6カ月ごろ

カミカミ期
9～11カ月ごろ

モグモグ期
7～8カ月ごろ

大きめの
食材を
前歯でかじって
食べてみる

指でつぶせる
かたまりを
歯ぐきでかむ
練習をする

豆腐くらいの
ふわふわや
つぶつぶの
まざる状態も試す

Contents

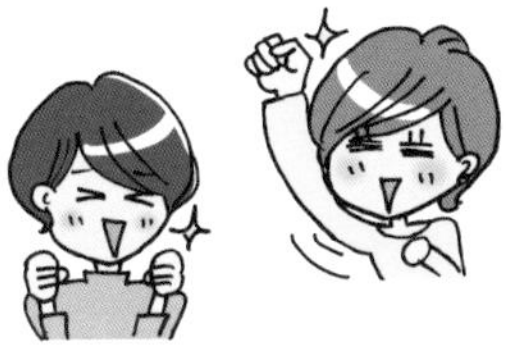

Part 2

離乳食の進め方

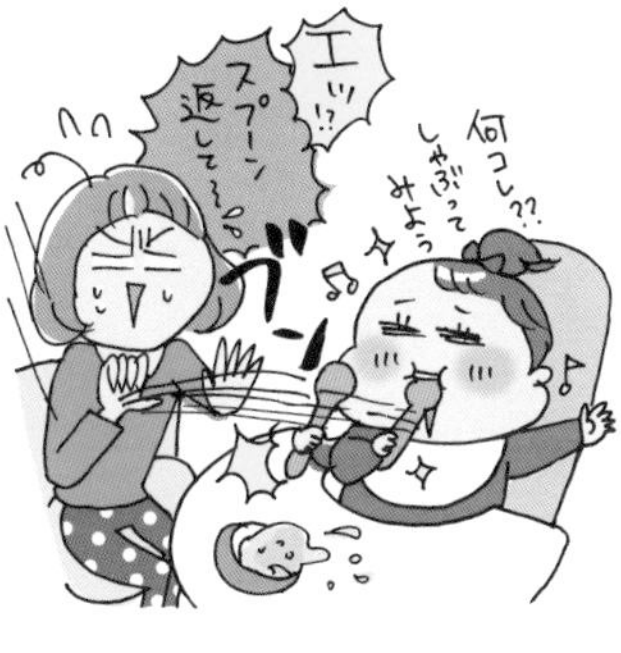
何コレ??
しゃぶってみよう
エッ!?
スプーン返して～～

Part 3

離乳食ゆる分けレシピ

何を、どんなふうに食べさせる？

ラブテリ トーキョー＆ニューヨーク 公式 YouTube チャンネルをチェック！
離乳食の困ったを解決する保育園メソッドなども公開しています。

この本の決まりごと

離乳食の進め方と目安量は、厚生労働省より2019年3月に改定された「授乳・離乳の支援ガイド」にもとづいています。

調理道具について

- 小さじ1＝5mℓ、大さじ1＝15mℓ、1カップ＝200mℓです（p.56参照）。
- 離乳食を作るときの鍋は直径14～16cm程度、フライパンは直径20cm程度の小さいものを使用しています。火かげんは特に記載のないときは、弱火～中火です。離乳食は分量が少ないため、途中で水分を補うなど、焦がさないように注意してください。
- 電子レンジの加熱時間は600Wのときの目安です。500Wの場合は1.2倍にしてください。なお、機種や食材に含まれる水分量などにより違いが出るため、心配なときは少なめの加熱時間から始め、様子を見ながら少しずつ加熱時間を足してください。

材料・食事の目安量について

- 食べさせる量は赤ちゃんの食欲や体調に合わせて調整してください。食物アレルギーと診断されている場合は、医師と相談しながら進めてください。
- 材料の分量は皮や種を除いた可食部（食べられる部分）の重さです。
- 表記のほかに、「2cm角1個」など目分量を入れてあります。材料を用意するときに役立ててください。
- 「湯でといた粉ミルク」とある場合には、製品に記載されている規定量の湯でといてください。
- 炊飯器でおかゆを炊く場合には、コースや炊飯時間など、取扱説明書をご確認ください。

Part

1

ぐんぐん成長する脳と骨を育てる

離乳食の栄養

鉄、DHA、カルシウム、ビタミンD……

脳や体が急成長する時期に、不足させたくない栄養素。

“一生モノの骨づくり”も始まっています！

Nutrition

栄養の基本

3つのチームを集結

母乳だけでは足りなくなる栄養を補うのが〝離乳食〟

　離乳食を始めるタイミングは生後5〜6カ月。その主な理由は、成長に必要な栄養が、母乳やミルクだけでは足りなくなるからです。

　生後間もない赤ちゃんにとって、母乳は最良の栄養源。でも、**6カ月を過ぎるころには、たんぱく質やカルシウム、鉄などの栄養素が大幅に減って**しまいます。それは、「もう母乳だけでは栄養が足りないから、食べ物から栄養をとってね」という、おっぱいからのサインなのです。

　5〜6カ月は1日1回、7カ月になったら2回食、**9カ月で3回食へと進め、食事からの栄養をメインに**していきましょう。

　食事からの栄養のとり方は、大人の考え方と同じ。3つの栄養源チームから食材を組み合わせると、バランスがととのいます。どのチームも体内でたいせつな役割をして、赤ちゃんの活動のエネルギーになり、体をつくる材料になります。だから〝バランス食〟が大事。

　ただ、赤ちゃんは食べムラがあるし、好き嫌いがはげしい時期もあるので、**1日3食で、または2〜3日の食事全体で、偏らないように**すればOK。

　1品で簡単にすませるときにも、「ほうれんそうと豆腐のおじや」など、3つのチームの食材が1つずつ入っていれば合格です。

9カ月ごろ、食事からの栄養がメインに

母乳に含まれる成長に必要な栄養素は、10カ月には約半分になってしまうといわれています。9カ月になったら、どんなに小食な子でも3回食にして、食事からの栄養をふやしていきましょう。

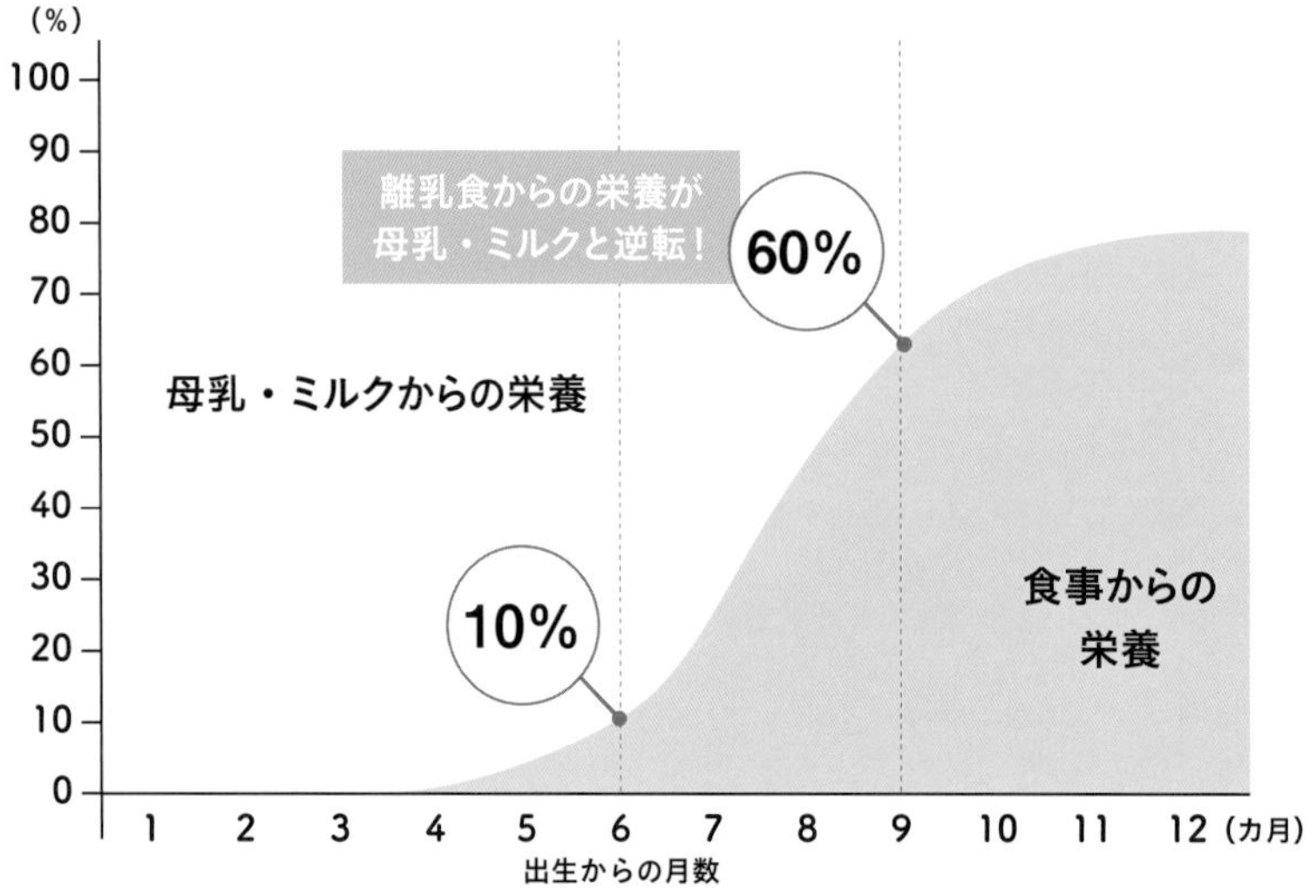

『改定・離乳の基本』（公益財団法人母子衛生研究会）を参考に作成

たんぱく質 チーム

筋肉・血液・骨など 体をつくるのに欠かせない

体をつくり、身長を伸ばし、体重をふやしていく成長期には、たんぱく質が大人以上に必要です。離乳食では、脂肪の少ない豆腐や白身魚を1さじから始めます。「量」と「順番」を守って進めましょう。

ビタミン・ミネラル チーム

いも類には糖質が多く、離乳食では主食にもなります。

不足しないように食べて 日々体調よく、元気に!

野菜や果物は、エネルギー代謝を助けたり、体の調子をととのえたり、骨や歯などを構成する成分にもなります。豊富に含まれる抗酸化成分は細胞を酸化から守り、食物繊維は腸内環境をととのえてくれます。

炭水化物 チーム

主食は脳と体を動かす エネルギー源になる

主食になる米、パン、めん類などの炭水化物に含まれる糖質は、体温を生み出し、脳や筋肉、内臓など、体のすべてを動かすエネルギー源になります。離乳食では、消化吸収しやすい米（おかゆ）から始めます。

3つのチームから 食材を組み合わせる

主食のおかゆに、しらす干しのたんぱく質をON。ビタミン・ミネラルは、ブロッコリーとりんごでとれるようにした献立です。

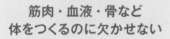

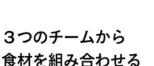

栄養の基本

赤ちゃんは食欲や体格に〝個人差〟が大きいから 目安どおりに食べる子はいない

個性に寄り添いながら その子のペースで 大きくなる

離乳食を栄養たっぷりに作っても食べてくれず、親としては「どうしてうちの子は……」と悩むこともあるかもしれません。

でも、離乳食に「目安量」はあっても、**赤ちゃんは食欲も、体格や運動量も個人差が大きいので、みんなが「同じ量を食べる」わけではありません。**大人が心配するほど食べる子も、がっかりするほど小食の子もいます。どちらも、その子の個性です。

チェックしてほしいのは、食べる量よりも「体重のふえ方」。体重が、母子健康手帳の発育曲線の範囲内で、カーブに沿ってふえているならおおむね問題ありません。もっと食べたい子はおかわりしてよいし、小食の子は無理なく食べられる量でOKです。

目安量よりたくさん食べる子は、野菜やおかゆをふやしてみてください。野菜を少し大きめ・かためにして、かみごたえを出すと、早食いも防げます。

たんぱく質は、成長期の体をつくる材料になるので、積極的に食べさせたい一方で、赤ちゃんはたんぱく質を消化することが苦手。いきなりたくさん食べると、**食物アレルギーの症状が重く出てしまうことや、腎臓に負担をかけることが心配**なので、適量にします。

小食の場合は、離乳食が進まずに体重がふえないと、必要な栄養素が不足しやすいです。食事からの栄養がメインになるように、食事の回数と量をふやしていきましょう。

食べる量より「体重のふえ方」を見る

発育曲線の範囲内で上のほうでも、下のほうでも、カーブに沿ってふえていることが重要。できれば定期的に記入をしながら、横ばい、または極端に上向きになっているときは、食事内容を点検してみてください。

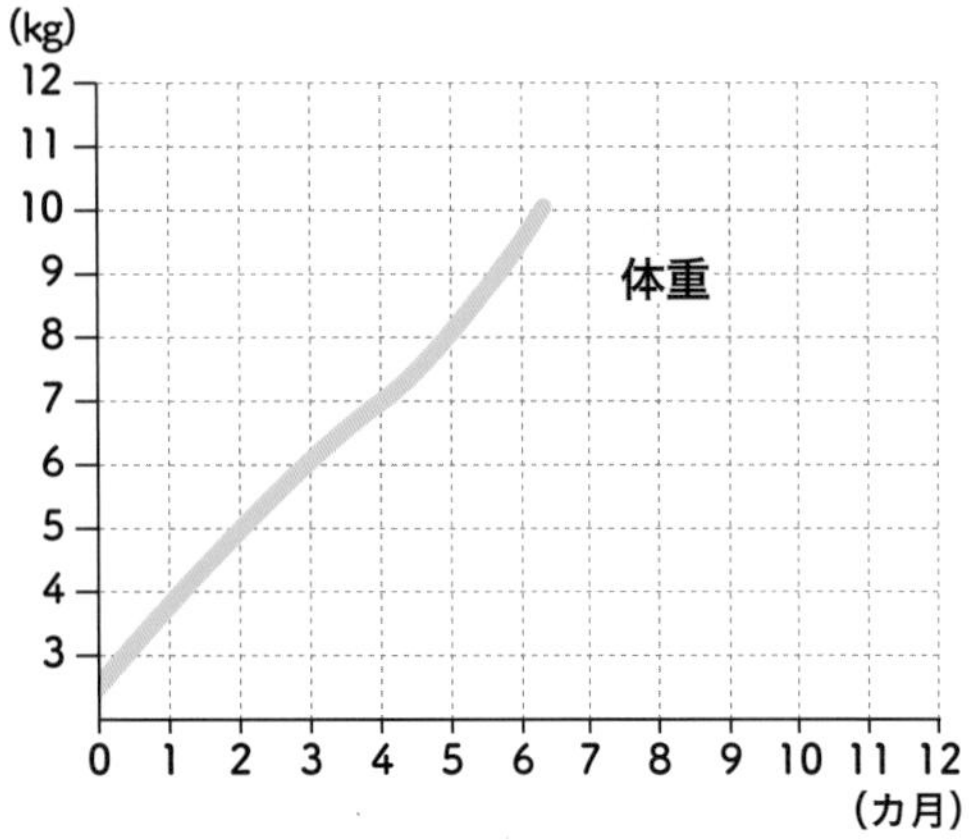

体重が急にふえた → **食べすぎかも？**

糖分や脂質の多いおやつをあげていないか、早食いではないかなど点検し、心配なら育児相談してみましょう。

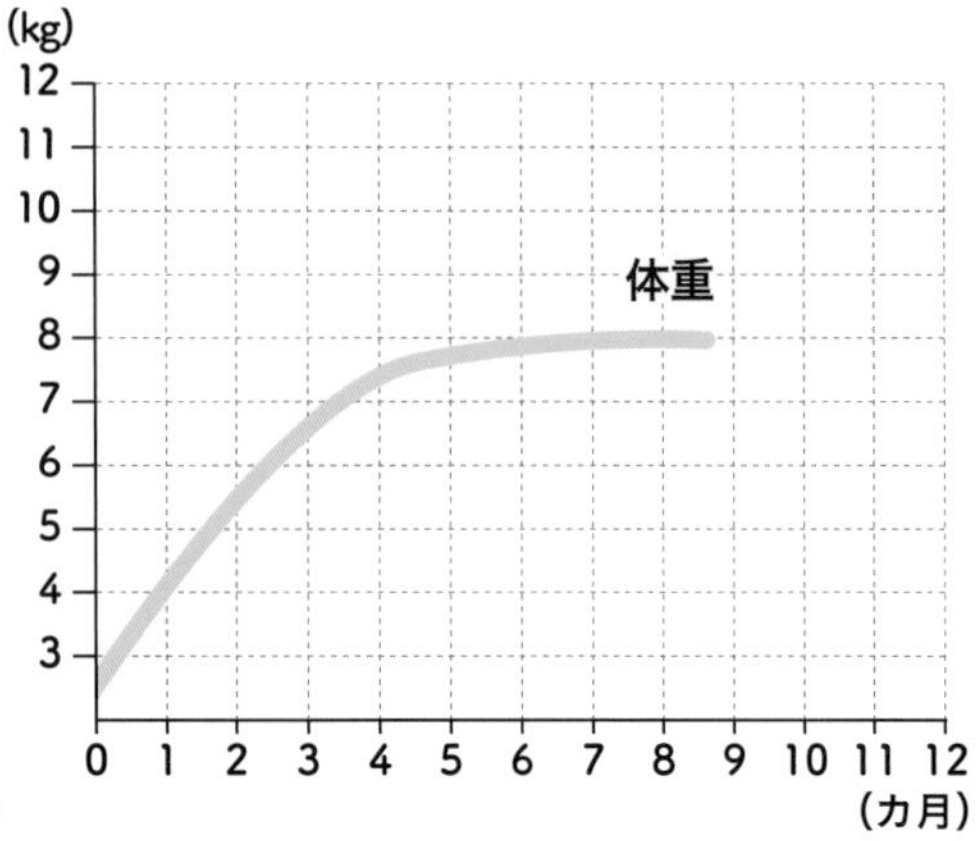

体重が横ばい → **栄養不足かも？**

成長期に体重が横ばいのままふえない、または減ってしまうことは、とても心配です。小児科を受診してみて。

体をつくる材料になるのは「たんぱく質」

脳 をつくる

たんぱく質

＋ DHA

脳をつくる材料になるのは、たんぱく質と、必須脂肪酸のDHA（p.18）。たんぱく質を構成するアミノ酸は、脳内神経伝達物質をつくります。

皮膚 をつくる

たんぱく質

＋ 亜鉛

亜鉛は、肌に約20%が存在し、新陳代謝やたんぱく質の合成に関わっています。衣類やおむつなどに接触した肌が炎症を起こさないように、守っています。

血液 をつくる

たんぱく質

＋ 鉄

血液中には、さまざまなたんぱく質が存在します。血液検査では、総たんぱくが栄養状態を知る目安。鉄は赤血球中のヘモグロビンの材料です。

骨 をつくる

たんぱく質

＋ カルシウム

＋ ビタミンD

たんぱく質は、骨の鉄筋部分。その鉄筋にカルシウムがギュッと詰まって、強い骨になります。ビタミンDはカルシウムの助っ人です（p.36）。

筋肉 内臓 髪の毛 をつくる

たんぱく質

筋肉の約80%、心臓の約60%、髪の毛の約90%がたんぱく質でできています。体をつくるには、材料となるたんぱく質が必須。

さまざまな代謝に必要な「酵素」や「ホルモン」、「免疫抗体」などもたんぱく質が主成分！

人間のたんぱく質を構成する20種類のアミノ酸のうち、体内でじゅうぶんに合成されず、食事からとらなければならない「必須アミノ酸」が乳幼児は10種類（大人は9種類）。

Brain

脳を育てる離乳食

食べたもので脳もできている

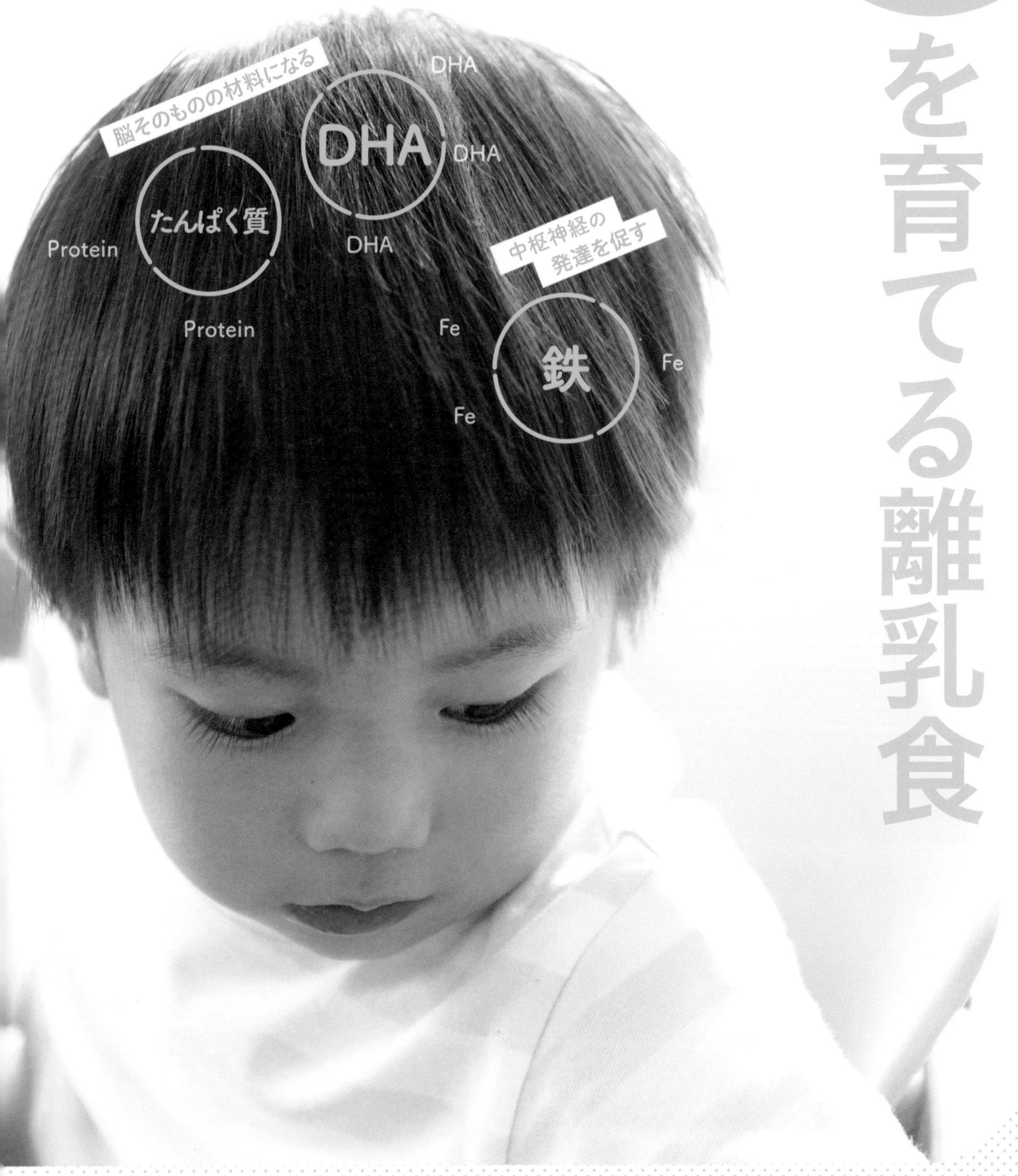

急成長し続ける脳に届けたい！3つの栄養素

生まれたときは首もグラグラで、泣いてばかりだった赤ちゃん。それが1年後には、手づかみで食べ、歩けるようになる子もいます。2〜3才になれば、おしゃべりもじょうずに！

実はその間、脳はものすごいスピードで成長しています。**脳の重量は、1才で大人の約70%、3才で約90%**に達するといわれています。脳の重さだけでいうと、幼児期にほぼ完了してしまうのだから、驚きです。

脳の発達は重さだけではかれるものではありませんが、**脳が劇的に大きくなるのは、人生でこの時期だけというのは事実。**乳幼児期に、脳の発達のために栄養を届けることは必須です。

脳の構成成分は、水分以外の約65%が「脂質（DHAなど）」、残りが「たんぱく質」。脳の重量をふやす栄養素が、この2つ。

DHAは、神経細胞の細胞膜の主な材料です。細胞膜の柔軟性を保ち、記憶や学習などの脳の働きを高めています。

たんぱく質は、意欲や運動に関わる「ドーパミン」「ノルアドレナリン」、精神を安定させる「セロトニン」など、脳内神経伝達物質の主な材料になります。

そしてもう1つ、脳に欠かせない栄養素が「鉄」です。

鉄は血液中の赤血球（ヘモグロビン）の材料になって、全身に酸素を運んでいます。赤ちゃんの脳内では、神経細胞同士がシナプス（結合部）でつながり、毎日せっせとネットワークが作られています。その活動には、たくさんの酸素が必要！このほか、**鉄は脳内神経伝達物質が合成されるときにも欠かせません。**

動物実験では、鉄欠乏によってシナプス結合が減少し、脳の海馬や線条体に構造変化が起こることが明らかになっている。

脳は1才で大人の約70%まで成長する

出生時の赤ちゃんの脳には、すでに大人と同じくらいの神経細胞がありますが、働きは未熟です。神経細胞同士がシナプスを介して結びつくことで、情報処理が可能になり、脳も急速に大きくなっていきます。

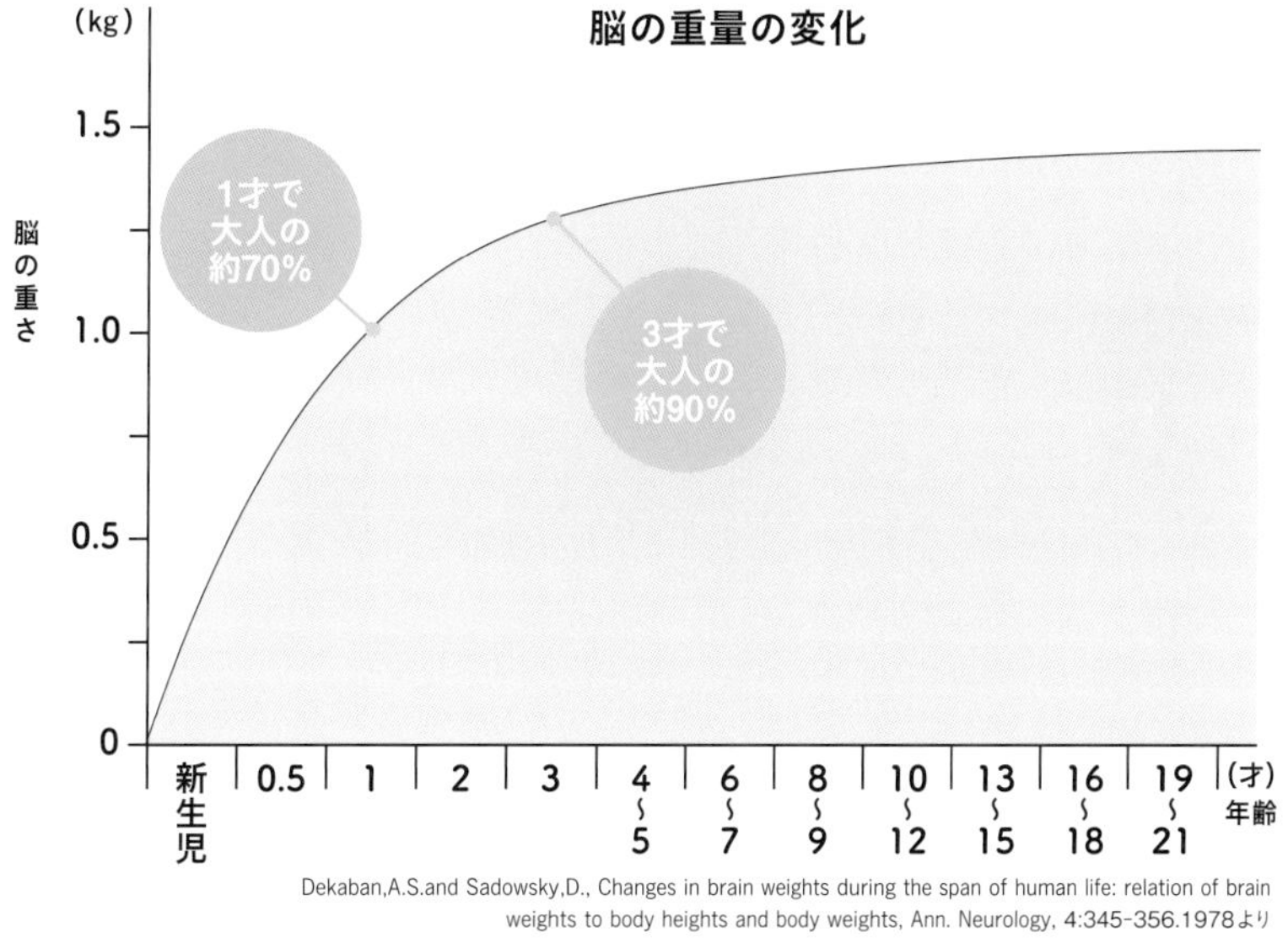

Dekaban,A.S.and Sadowsky,D., Changes in brain weights during the span of human life: relation of brain weights to body heights and body weights, Ann. Neurology, 4:345-356.1978より

脳を育てる栄養素1

鉄

赤ちゃんとママの貧血を防ぐ

心と体が元気でいるために〝鉄の摂取〟は最重要！

赤ちゃんの鉄欠乏は大人以上に深刻。6カ月以降は要注意

赤ちゃんの脳の劇的な成長を支える**鉄は、最初の1000日で欠乏させると、認知機能や運動機能の発達に遅れが出てしまう**可能性があります。また、その遅れは、長期にわたり影響が出る※ことが報告されています。

それなのに、**赤ちゃんはどの子も、6カ月を過ぎるころから鉄を欠乏させやすくなります。**ラブテリの調査でも、ヘモグロビン値が基準値に満たない割合は、6カ月〜1才未満が最も高いという結果に（左ページ）。

「早産で低出生体重児だった（もともとの貯蔵鉄が少ない）」「ママが貧血」「完全母乳で離乳食をあまり食べない」などの場合は要注意ですが、**赤ちゃんは血液検査をする機会もないので、鉄が不足していても親は気づけない**ことが多いです。

鉄は、脳の中枢神経の発達に影響するため、欠乏すると少しの刺激でよく泣く、落ち着きがない、発語が遅れるなどの様子が見られるようになります。**赤ちゃんの貧血は、大人とは違い、発達への多大な影響がある**ことを知っておきましょう。

※コスタリカの研究（乳幼児対象）では、1才時点で重篤な鉄欠乏性貧血だった子どもたちに、鉄剤投与などにより貧血を改善させたにもかかわらず、約10年後の検査で、算数や筆記、運動、そのほか認知能力が低かった。Lozoff et al. Poorer behavioral and developmental outcome more than 10 years after treatment for iron deficiency in infancy. Pediatrics. 2000 Apr;105(4):E51.

生後6カ月を過ぎると鉄が枯渇する

赤ちゃんは、おなかの中でママから鉄をもらって蓄えていますが（貯蔵鉄）、それも生後半年ほどで枯渇してしまいます。母乳に含まれる鉄もしだいに減ってしまうため、鉄欠乏性貧血のリスクが高まります。

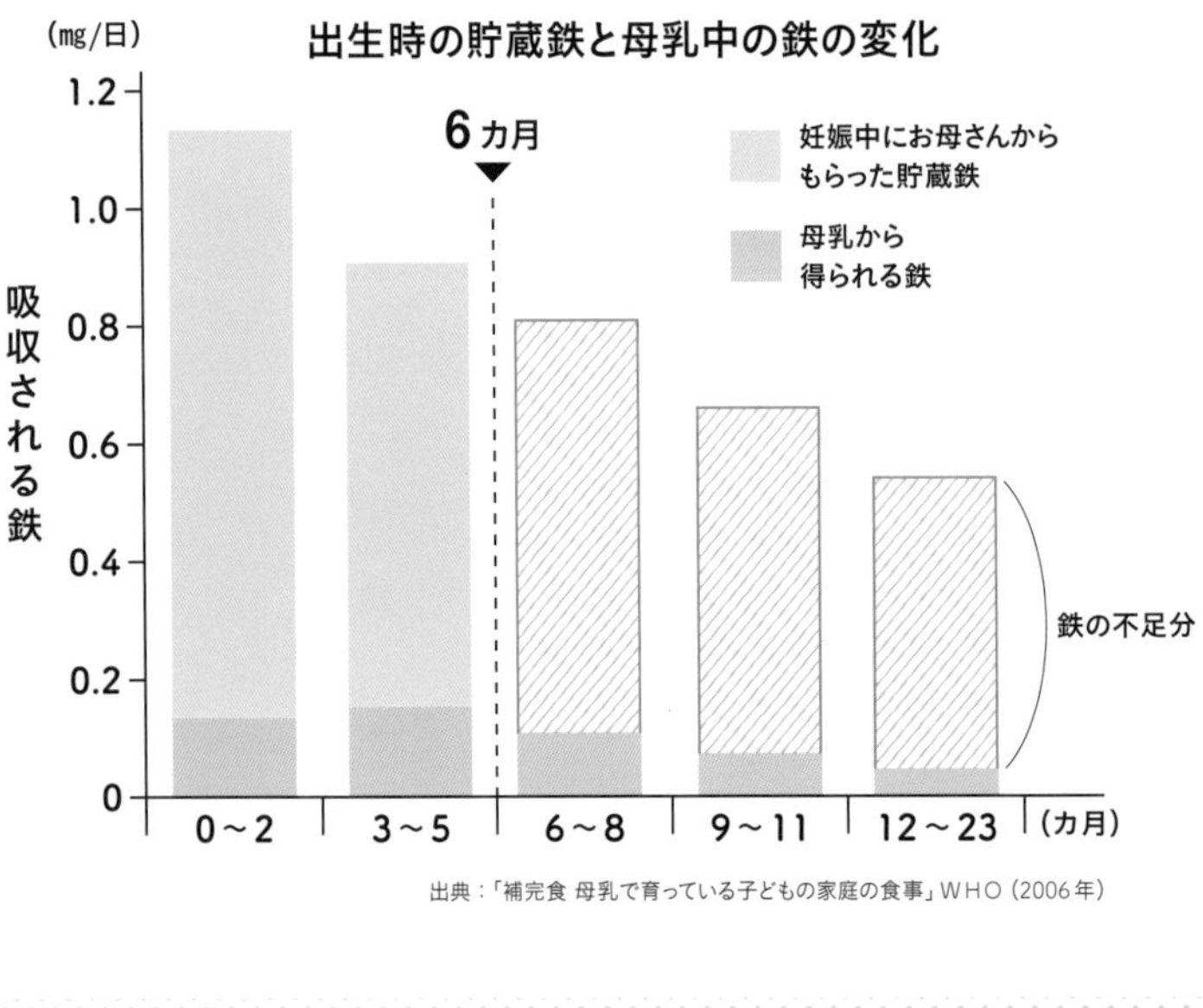

出典：「補完食 母乳で育っている子どもの家庭の食事」WHO（2006年）

貧血は赤ちゃん時代がハイリスク

ヘモグロビン値が基準値未満の割合

ラブテリ「日本人小児の血中ヘモグロビン濃度とその関連因子の検討」第81回日本公衆衛生学会総会にてポスター発表（2022年）
ヘモグロビン値は、指先クリップの測定（p.27）による推定値。

6カ月〜1才未満	1才〜1才6カ月未満	1才6カ月〜2才未満
27.7%	9.8%	4.2%

鉄不足にならないように気をつけよう！

- ☑ 離乳食は5〜6カ月で始める
- ☑ 鉄のとれる食材をとり入れる
- ☑ 小食でも7カ月で2回食、9カ月で3回食にする
- ☑ 母乳をあげているママも貧血に気をつける
- ☑ 体重がふえないなど心配なときは、かかりつけ医に相談する

次のページへ

脳を育てる栄養素1

鉄

離乳食で鉄のとれる食材リスト

それぞれの時期で試してほしい、おすすめの食材

モグモグ期 7〜8カ月ごろ	ゴックン期 5〜6カ月ごろ	
 チンゲンサイ	 ほうれんそう	野菜
 ひき割り納豆  絹ごし豆腐	 豆乳  絹ごし豆腐	大豆製品
卵黄1個 まで ふやしてOK  卵黄	かたゆで 卵の卵黄を 少しずつ  卵黄	卵
鉄は多くないですが 脂肪の少ない 鶏ささ身から始めます	肉はまだ食べさせません	肉
 赤身の魚を スタート まぐろ・かつお	白身の魚だけ	魚
コツコツ 鉄補給！ 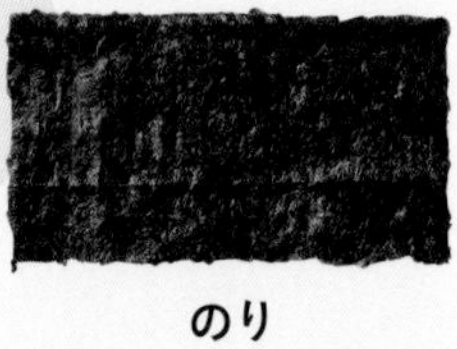 のり	トッピングに 便利  きな粉	乾物

パクパク期
1才〜1才6カ月ごろ

カミカミ期
9〜11カ月ごろ

大根の葉

かぶの葉

小松菜

いろいろな青菜を試してみよう

大豆水煮

高野豆腐

小粒納豆

木綿豆腐

うずら卵

全卵

鶏卵より
高栄養！

うずら卵

全卵

ビタミンAが
多いので
とりすぎない

レバー

牛・豚赤身肉

レバー

牛肉のほうが
鉄は豊富

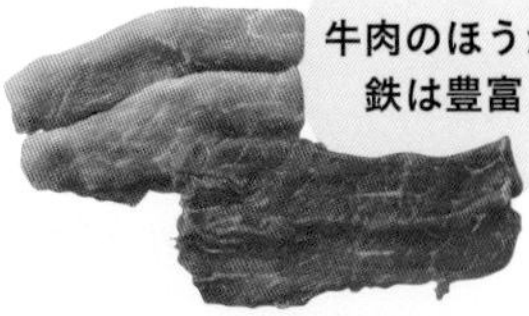
牛・豚赤身肉

さば

ぶり

あさり水煮

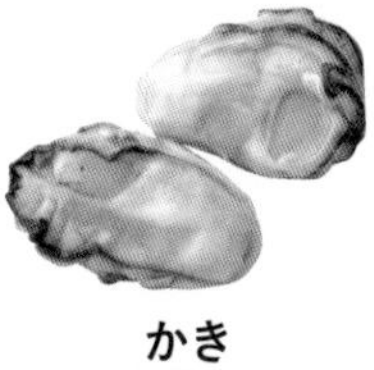
かき

いわし

赤身の魚・青背の魚・貝類をとり入れていこう

p.122の
しっとり煮が
おすすめ

切り干し大根

実は鉄が
豊富！ 砕いて
使って

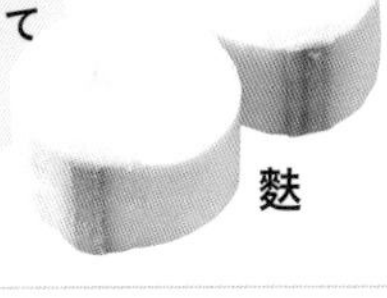
麩

脳を育てる栄養素1

鉄

“子どもに鉄を与える” 親のリテラシーで貧血リスクは減らせる

そもそも世界各国では、小麦粉（アメリカ、イギリス、カナダ、トルコ、中南米など）、米（フィリピン）、とうもろこし粉（メキシコ）など、さまざまな食品に国策として鉄が添加されています。ところが、日本ではそういった施策がなく、**日本は世界と比較して鉄の推奨量、摂取実態ともに低い**というのが現状です。

近年では、鉄の重要性が知られるようになってきましたが、ラブテリの調査※では、76％のママが鉄の重要性を「知っている」と答えたのに、鉄補給のために「特に何もしていない」という回答が1位でした。一方、鉄が含まれる食材に関する母親のリテラシーが高いと、子どもの貧血リスクは低いという結果に。

子の貧血を防ぐには、**親が鉄の重要性を「知っている」だけではなく、「鉄を含む食材を食べさせている」ことが大事**です。

離乳食は5～6カ月で始めて、鉄を含む食材を毎日少しずつでも使いましょう。22～23ページを参考に、ゴックン期は、ほうれんそうや豆腐、豆乳などから鉄補給をスタート。卵は栄養価が高い優秀食材です。食物アレルギーに配慮しつつ、卵黄から与えてみてください（52ページ）。**ヘム鉄は非ヘム鉄より吸収率が高いため、7カ月ごろからは赤身の魚、9カ月ごろからは赤身の肉**をぜひ使いましょう！

ほかには、左ページのように、育児用ミルクやフォローアップミルク、鶏レバー粉末などを調理にとり入れるのも、手軽な鉄補給の方法です。

※「こどもすくよか白書」2019年版

吸収率のよいヘム鉄を意識する

鉄には2種類あり、青菜や大豆製品、卵、貝類などの非ヘム鉄の吸収率は2～5%。一方、肉や魚のヘム鉄は吸収率20～30%で、より効率よく鉄を吸収することができます。

赤身の魚は7カ月～

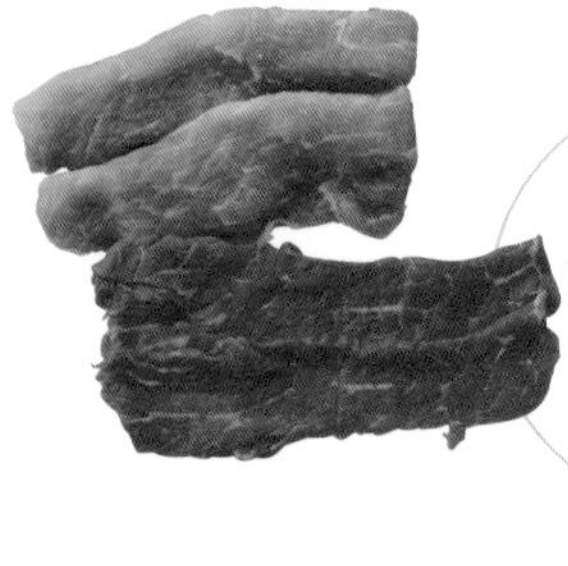

赤身の肉は9カ月～

食材の鉄が減っている

近年では、多くの食材の鉄の含有量が減少している実態が明らかになり、栄養成分の表記も変更されました。そのため、推奨量を満たすのがさらにむずかしくなっています。

食品	2005年	2020年
大豆	9.4mg	6.8mg
鶏ひき肉	1.2mg	0.8mg
鶏卵	1.8mg	1.5mg
アーモンド	4.7mg	3.6mg

可食部100gあたり（mg）。「日本食品標準成分表 五訂増補・八訂」より

ひじきはステンレス釜で乾燥させたものは鉄の含有量が少ないことがわかっています。

食品	2010年	2020年
ひじき（乾燥）	55.0mg 鉄釜	6.2mg ステンレス釜

可食部100gあたり（mg）。「日本食品標準成分表 六訂・八訂」より

赤ちゃん時代の鉄強化に使える！

育児用ミルク　フォローアップミルク

母乳育児でも、離乳食の調理には鉄のとれる「ミルク」を活用する

育児用ミルクを離乳食に使うと、赤ちゃん好みのミルク味にアレンジしながら、鉄を補うことができます。母乳育児でも、鉄強化のために使ってみて。フォローアップミルクは、生後9カ月から1才以降（商品により異なる）の栄養強化に適しています。ミルクスープ、フレンチトースト、おやつなどに、幼児期以降も役立ちます。

育児用ミルク

母乳に近い栄養成分で、母乳の代替として使える。
●明治ほほえみ
（1缶800g）

フォローアップミルク

1～3才ごろの不足しがちな栄養をサポートできる。
●明治ステップ
（1缶800g）

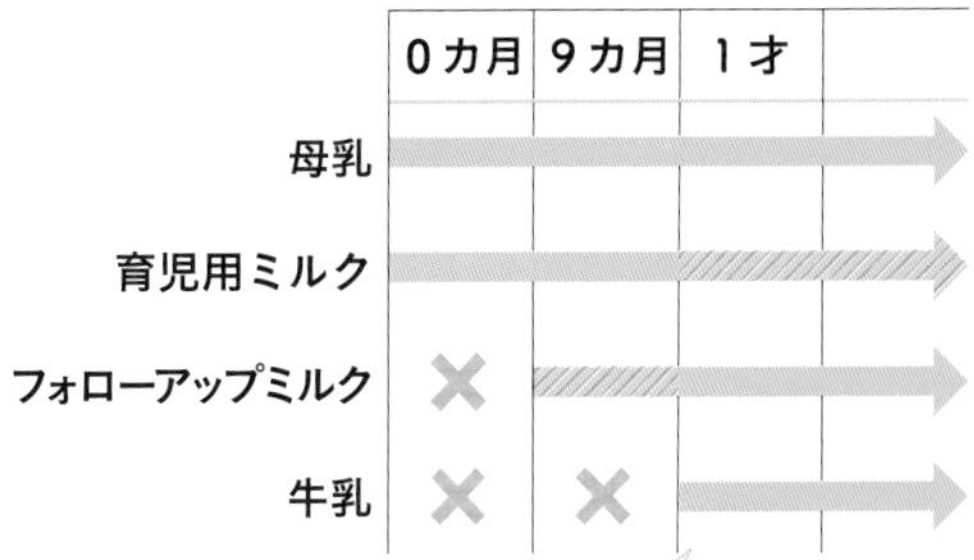

牛乳はたんぱく質やカルシウム源として最適ですが、鉄は微量です。

オートミール

主食に加えることで鉄アップ！よく煮て食べさせて

オートミールの原料であるオーツ麦は、鉄や食物繊維が豊富。7カ月ごろから主食として食べられますが、消化がよくないので、おかゆやスープに少量入れて煮ることからお試しを。大人はパンのかわりにおすすめ。

クラッシュタイプを選ぶと砕く手間なし

鶏レバー粉末

調理がたいへんな鶏レバーは粉末タイプが食べさせやすい

レバーは鉄を断トツに多く含みますが、調理がたいへんで敬遠してしまう食材。離乳食には粉末状に加工してある商品が、保存もきくので便利です。ビタミンAのとりすぎに注意して、少量ずつ食べさせましょう。

パッケージに表記してある分量を守って

子育て中のママも貧血には要注意

生理がある女性の鉄欠乏の割合

フェリチン（貯蔵鉄）が30ng/mℓ未満の女性の割合。平成21年国民健康・栄養調査報告「身体状況調査の結果」

20代	30代	40代
67.1%	77.3%	71.2%

生理がある世代で
食事からの鉄摂取量が
足りている人は
ほぼいません

産後に貧血があると
「産後うつ」の
リスクが
約6割ふえます

国立成育医療研究センター調査

献血ができない女性もふえている

400mℓ献血ができる女性は、体重50kg以上・ヘモグロビン濃度12.5g/dℓ以上という基準が設けられています。やせ型で、血液の薄い貧血の女性にはできません。

献血希望者で献血ができなかった女性の推移

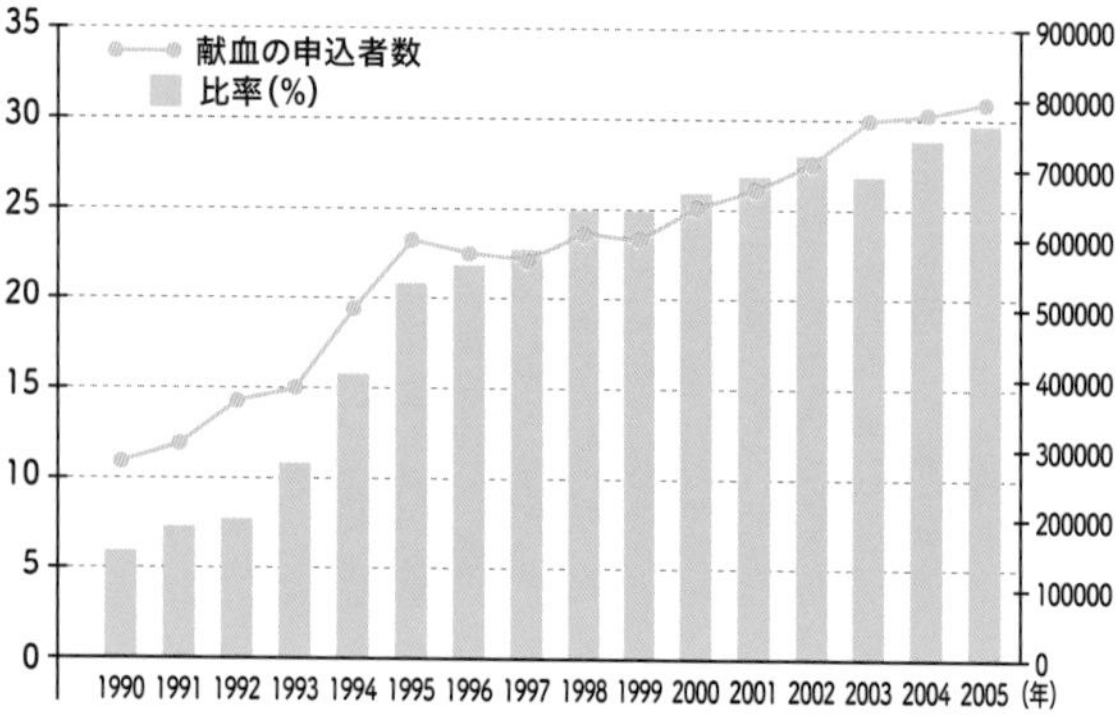

「血液事業の現状」400mℓ献血より

鉄の摂取量は減り続けている

1975年に1日13.4mgとっていた鉄が、今では半分以下。日本女性の1日の食事量（kcal）は、終戦直後を下回っていて、労働時間が長くなるほど鉄の摂取量は減少します。

鉄の摂取量の推移

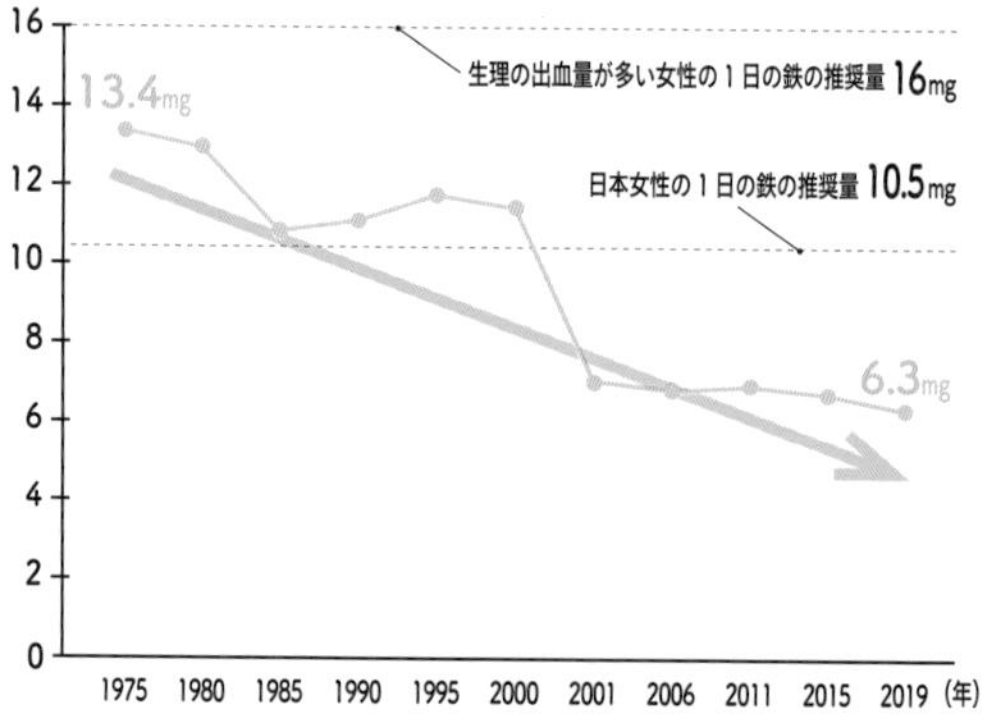

厚生労働省「日本人の食事摂取基準」(2020年版)、「国民健康・栄養調査」20～29歳、30～39歳の中央値より

ママも元気で子育てするために鉄を摂取！貧血にならない!!

女性の鉄欠乏性貧血の割合は、欧米諸国では7%未満ですが、日本では15～27%と高めです。

ラブテリの「オトナ女子のための保健室」では、約10年間に全国で7000人近くの女性がヘモグロビン値の測定をしましたが、**3～4割に鉄欠乏性貧血のリスクがありました。ママも人ごとではありません！**

鉄の必要量は、月経時の出血量で異なり、出血量の多い女性では1日の鉄の推奨量は16mg。右ページのグラフを見ると、おそろしいほど足りていません。

貧血というと、めまい、立ちくらみ、朝起きられないなどの症状を思い浮かべるでしょうか。でも実は、産後の**抜け毛や、疲れやすさ、メンタル面での浮き沈みなども、貧血が影響している可能性は高い**のです。

貧血は、親子で改善していく必要があります。なぜならママの貯蔵鉄と新生児の貯蔵鉄は比例するため、**ママが妊娠中に貧血であれば、赤ちゃんも貧血になりやすい状態で生まれている**可能性が高いからです。

また、ラブテリの調査※では、幼児のヘモグロビン値にも母親値との相関が見られました。幼児期になると、親子で同じ食事をとるためと考えられます。

離乳食作りは子どものためと思いがちですが、**22～23ページの食材や、鶏レバー粉末、オートミールなどは大人の鉄補給にも役立ちます。**フォローアップミルクを使ったおやつもいっしょにどうぞ（125ページ）。親子で鉄強化にとり組みましょう。

※「おやこ保健室」で実施した、ラブテリと聖路加国際大学の共同研究「貧血になる要因と年代別の実態調査」より。子どもの年齢0～5才、延べ220組の親子（2020年）

アプリで手軽に健康管理！

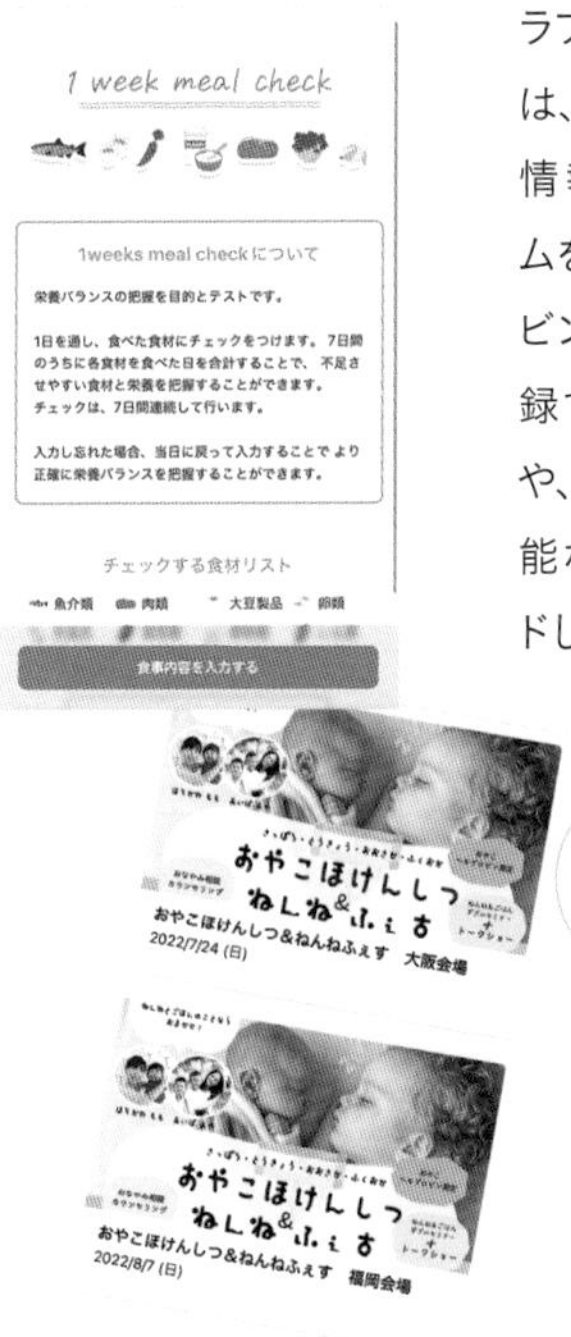

ラブテリが提供するアプリでは、「おやこ保健室」開催情報や健康にまつわるコラムを受けとれます。ヘモグロビン測定の結果を親子で記録でき、貧血チェック機能や、栄養バランスチェック機能なども充実。ダウンロードして活用を！

Luvtelli Tokyo & NewYork アプリから開催情報をチェック！

ヘモグロビン値を測定しよう！

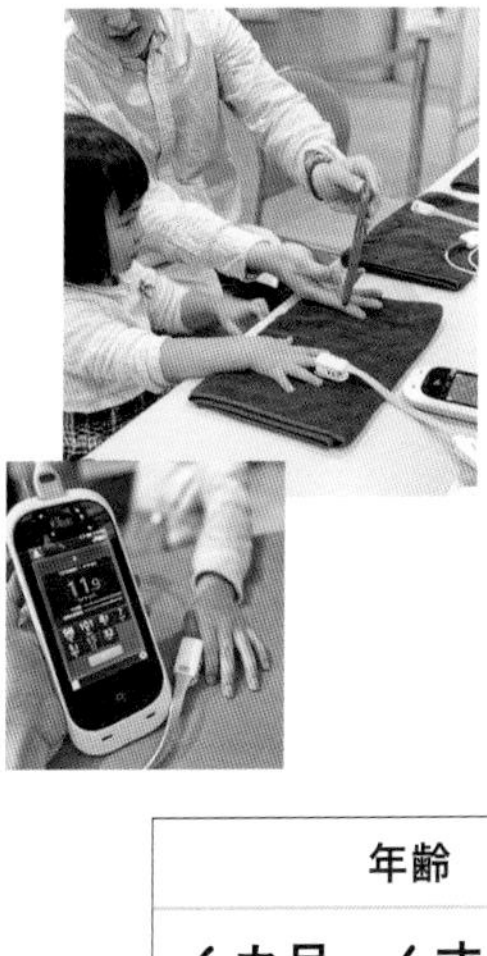

指先をクリップではさみ、指先に通る血液の濃度をセンサーで測定する方法なら、採血のようなチクッとした痛みがありません。体重10kg以上から測定が可能です。ラブテリの「おやこ保健室」や、明治の「鉄チェック活動」などで実施しています。

年齢	ヘモグロビン値
6カ月～4才	11.0g/dℓ※
お母さん	12.0g/dℓ※

※WHOの基準値によるカットオフ値。この値以下は、貧血の疑いがあります。

DHA

頭のよい子に育てるには〝魚油〟がキーワード

脳と視力の発達に関わる

食事と授乳だけが赤ちゃんにDHAを供給できる

DHAは、青背の魚やまぐろ（トロ）などの魚油に豊富に含まれている、必須脂肪酸。脳の機能を維持するのに欠かせない脂肪酸です。DHAは脳にある神経細胞の細胞膜の主な材料であり、海馬（記憶や学習をつかさどる脳の器官）に多く、目の網膜にも多く存在します。

「魚を食べると頭がよくなる」といわれますが、**DHAをしっかりとっている子どもは、脳神経のネットワークがよくなる、視力も順調に発達する**ことがわかっています。

いろいろな種類がある脂肪酸の中で、DHAが「必須脂肪酸」と呼ばれるのは、**体内ではつくり出すことができないため、食べ物からの摂取が必須**だから。DHAを豊富に含む食材は限られ、ほとんどは魚です。

魚でとったDHAは消化吸収されて血液の流れに乗り、脳に届きます。漁業地域の人は、農業地域の人よりDHAの血中濃度が高いという報告があるほど。

頭のよい子に育ってほしいと願うのなら、脳のサイズと密度が急激に大きくなる赤ちゃん時代に、ぜひ魚を食べさせて！

また、**妊娠中や授乳中にママがとったDHAは、胎盤や母乳を通して赤ちゃんに移行します。**そのため、ママが魚を食べることもたいせつです。

脳の発達とともに、DHA濃度も上がる

赤ちゃんの誕生は妊娠40週ごろ、生後1才が90週ごろ、2才が140週ごろ。胎児期から乳児期にかけて、脳のDHA量がふえ続けることから、脳の発達にDHAが深く関係していることがわかります。

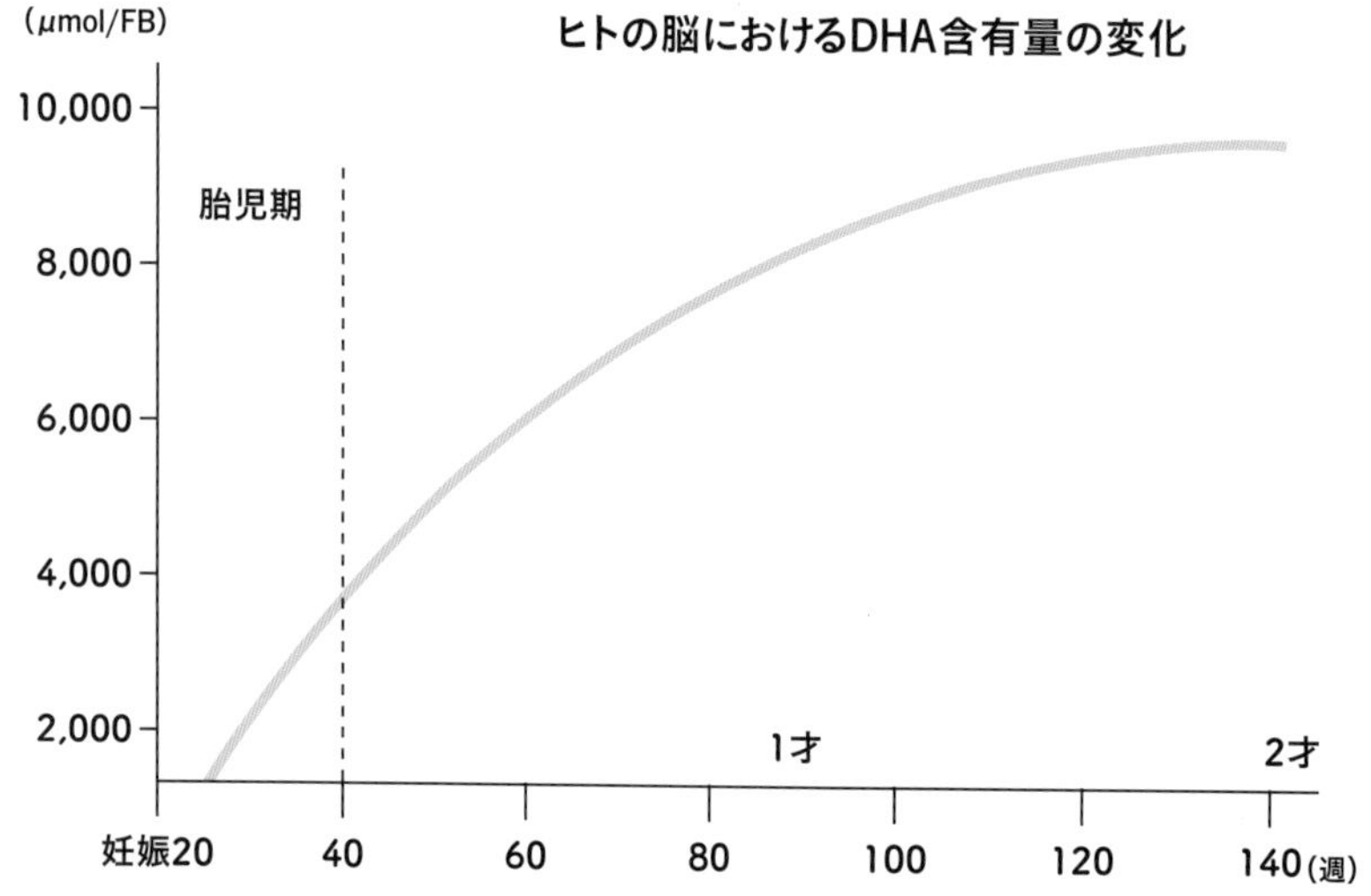

出典：Martinez M.J Pediatr. 1992:120:S129-S138.

DHAを多く含む食材15

1～2才の食べる量で比較
（肉・魚15g、うずら卵30g）

食べられる時期の目安をマークで示しています。

ゴ ゴックン期　モ モグモグ期
カ カミカミ期　パ パクパク期

1 さんま
315mg
カ パ

2 ぶり
255mg
パ

3 さば水煮
195mg
パ

4 さわら
165mg
モ カ パ

5 まぐろ
150mg
モ カ パ
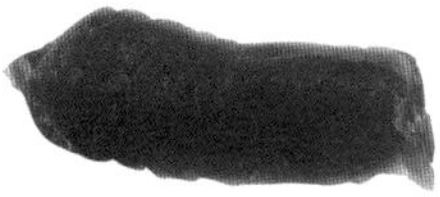

6 さば
146mg
パ
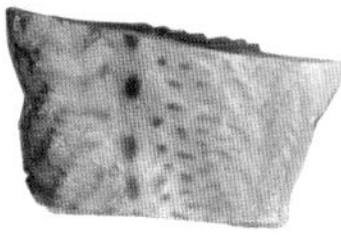

7 いわし
131mg
カ パ
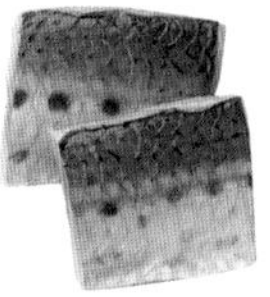

8 めかじき
90mg
モ カ パ
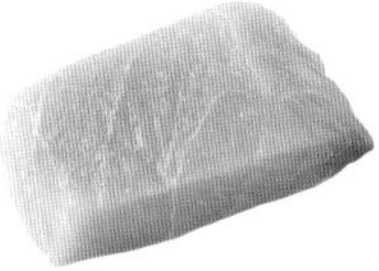

9 真鯛
75mg
ゴ モ カ パ

10 あじ
72mg
カ パ
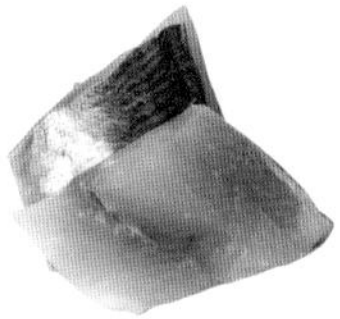

うずら卵
72mg
カ パ

12 生鮭
69mg
モ カ パ

13 しらす干し
51mg
ゴ モ カ パ

14 かき
27mg
カ パ
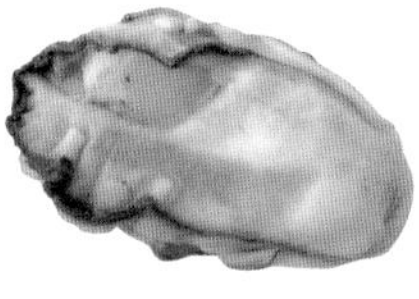

鶏レバー
27mg
カ パ

「日本食品標準成分表2020年版（八訂）」脂肪酸成分表編をもとに試算

ゆる分け♡

さばのおろし煮丼

さば缶でも
手軽にDHAが
とれます！

さば水煮缶と大根おろしを5分ほど煮て、ごはんにのせただけ（赤ちゃん用はp.49）。青のりを振って色味と栄養価をアップ！ 大人はしょうゆ適量をかけて。

魚の栄養について知ろう！

白身の魚

たんぱく質&ビタミンD源として5カ月から

鯛、かれいなどは低脂肪で、5カ月から食べられる白身魚。鮭も白身魚の仲間ですが、7カ月ごろから。いずれも強い骨をつくるのに欠かせないビタミンDが豊富！ 骨ごと食べるしらす干しはカルシウム補給にも◎。

赤身の魚

血液をつくる栄養素が多い！7カ月から

かつおやまぐろは、吸収されやすいヘム鉄を含むので、鉄補給に最適！ まぐろはDHAが豊富です。かつおは赤血球の生成を促すビタミンB_{12}も多く含み、貧血予防におすすめ。7カ月ごろから挑戦してみて。

青背の魚

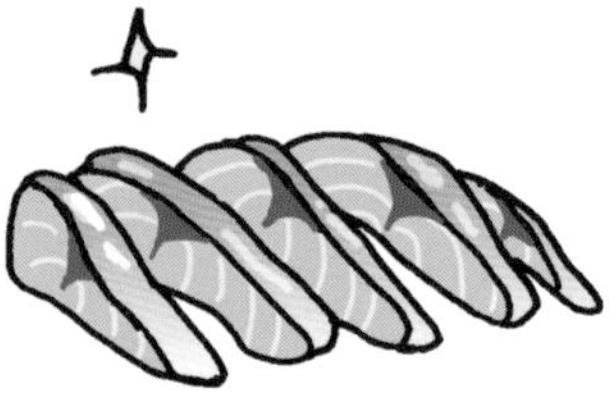

DHA・EPAが豊富！油が多いので9カ月から

脳や視力の発達を助けるDHA・EPAが豊富ですが、高脂質なので、9カ月以降に。青背の魚には鉄も多いです。あじ、いわし、さんまは9カ月ごろから、ぶり、さばは1才以降がおすすめ。新鮮なうちに調理します。

産後うつにもなりにくくなる魚をもっと食卓へ！

厚生労働省の「令和元年国民健康・栄養調査」によると、日本人1日あたりの魚介類摂取量（男女平均）は64・1g。平成11年の同調査では94・3gだったので、**20年間で魚介を食べる量が約2／3に減ってしまった**ということになります。

女性が魚を食べる量も減り続けて、肉の摂取量がじわじわとふえています。これに連動するように、**母乳の脂質に含まれるDHA量が減っているという研究報告もあります。**成長期の子どもや、妊婦さん、授乳中のママの「魚離れ」が進むと、子どもの脳神経の発達に影響するのではないか……と心配です。

また、魚のDHA・EPAは抑うつを防ぐなど、情緒の安定にも関わるといわれてきました。エコチル調査※富山ユニットセンターでは、血中のEPA濃度が高い人ほど抑うつ状態になりにくい可能性があることや、**妊娠中から産後に魚を摂取すると抑うつリスクが低減する**ことを報告しています。

魚はDHA・EPAのほか、骨に必須のビタミンDなど、肉ではとれない栄養素が豊富！

離乳食のころから魚をおいしく食べていれば、子どもは自然と魚が好きになっていきます。赤ちゃんには、**魚のパサつき対策をしてあげれば、喜んで食べてくれる**はず。おじや、あんかけ、お焼き、トマト煮やシチューに入れるほか、1才を過ぎたら、素揚げや竜田揚げも人気です。

大人もメインディッシュに肉を食べたら、次の日は魚に。交互に食卓に登場させましょう。

※環境省による「子どもの健康と環境に関する全国調査」。赤ちゃんがおなかにいるときから13才になるまでの健康状態を定期的に調べる、出生コーホート（集団を追跡する）調査。

魚よりも肉！ 女性の魚離れが進んでいる！

若い世代ほど、肉を好む傾向に。特に授乳中は母乳のDHA量をふやすために、ママも魚を食べてほしいです。魚缶、刺し身、骨とり切り身、しらす干し、鮭フレーク、魚チップスなど、手軽なものでもOK！

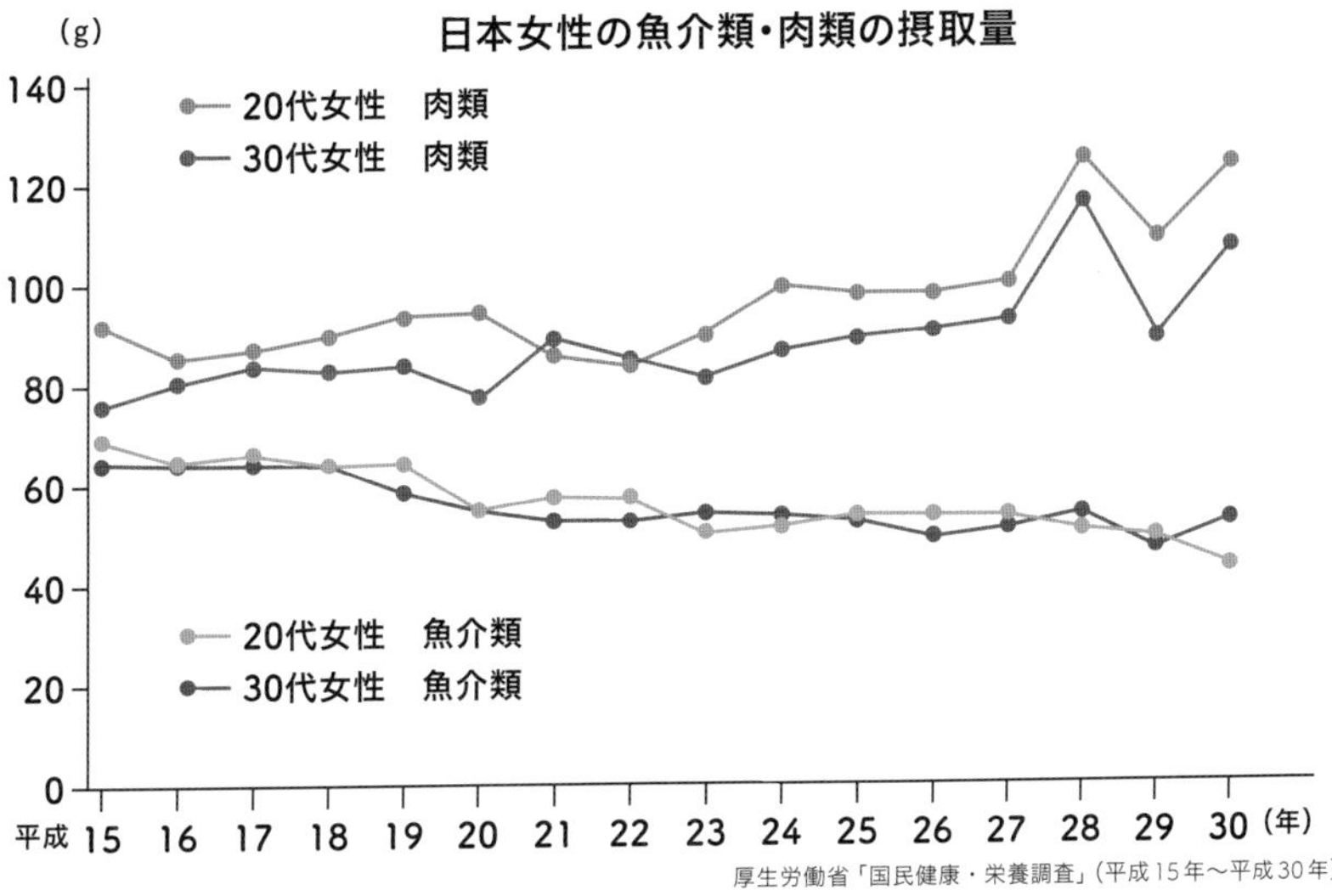

厚生労働省「国民健康・栄養調査」（平成15年～平成30年）より

Fe 青菜は鉄と、鉄の吸収を高めるビタミンCを同時にとれる。

卵のコクで青くささがなくなる

青菜と卵黄のおかゆ

材料（1回分）

ほうれんそうの葉
…5g（大1枚）
卵黄（かたゆで卵の黄身）※
…耳かき1杯〜1/8個
10倍がゆのすりつぶし（p.59）
…40g（大さじ3弱）

※はじめての卵黄は1さじから（p.52）

作り方

1 ほうれんそうはやわらかくゆでて刻み、なめらかにすりつぶす。または、ブレンダーでペースト状にしたものを使う（p.90）。
2 おかゆに**1**、卵黄を加えてまぜる。

DHA ゴックン期に食べられる白身魚の中でも、真鯛はDHAが豊富。

甘いペーストで魚を食べやすく

鯛かぼちゃ

材料（1回分）

鯛…10g（刺し身1切れ）
かぼちゃ
…10g（2cm角1個）

作り方

1 かぼちゃはフライパンや電子レンジで蒸してやわらかくし（p.85）、すりつぶす。湯冷ましやだし、スープでとろとろ状にのばし、器に盛る。
2 鯛はゆでてすりつぶし、**1**にのせる。まぜながら食べさせる。

Fe 肉を開始するまで、豆腐と青菜は鉄の供給源。意識して使おう！

ふわふわ豆腐に青菜をまぜ込んで

小松菜と豆腐のおかゆ

材料（1回分）

小松菜の葉…5g（大1枚）
絹ごし豆腐
…25g（3cm角1個弱）
10倍がゆのすりつぶし（p.59）
…40g（大さじ3弱）

作り方

1 小松菜はやわらかくゆでて刻み、なめらかにすりつぶす。または、ブレンダーでペースト状にしたものを使う。
2 豆腐はさっと湯通しし、**1**にまぜてすりつぶす。
3 器におかゆを盛り、**2**をのせる。

DHA まぐろはDHAを多く含む食材。モグモグ期から活用を。

家にある野菜を刻んで入れて

まぐろと野菜のうま煮

材料（2回分）

まぐろ…20g（刺し身2切れ）

★キャベツ…20g（中1/3枚）

玉ねぎ…10g
（1cm幅のくし形切り1個）

にんじん…10g
（7mm幅の輪切り1個）

じゃがいも…20g（中1/8個）

だし…100mℓ（作り方はp.84）

★家にある野菜を合計40g

作り方

1 にんじん、じゃがいもは皮をむく。材料をすべて2〜3mm角に切る。

2 鍋に**1**、だしを入れ、やわらかくなるまで煮る。

Fe 鶏レバー粉末（p.25）は鉄強化にもってこい。少量から試して。

レバーの香ばしさで食がすすむ

青菜入りレバーポテト

材料（1回分）

鶏レバー粉末※…0.5〜1g

ほうれんそうの葉
…10g（大2枚）

じゃがいも
…15g（2.5cm角1個）

※商品パッケージに記載の量を使ってください

作り方

1 じゃがいもはフライパンや電子レンジで蒸してやわらかくし（p.85）、すりつぶす。

2 ほうれんそうはゆでて刻む。

3 **1**に鶏レバー粉末、**2**を加えてまぜる。かたいようなら湯冷ましやだし、スープでゆるめる。

Fe オートミールは鉄が豊富（p.25）。おかゆにまぜると食べやすい！

煮込むうちにうまみが出ていい味に

ツナのオートミールリゾット

材料（1回分）

ツナ水煮缶
…10g（大さじ2/3）

オートミール（クラッシュタイプ）
…小さじ1（2g）

ブロッコリー
…15g（小房1.5個）

ごはん…30g

水…200mℓ

作り方

1 ブロッコリーは穂先のみをそぎとる。

2 鍋に材料をすべて入れ、煮立ったら弱火にし、ふたをして15分煮る。途中、焦げないように様子を見て、水分が減ったら足す。

余った分は保存容器に入れるかラップで包み、冷蔵で1日、冷凍で1週間保存可能。必ず再加熱してから与えてください。

Fe　牛肉は、肉類の中でも鉄が多いので、離乳食にとり入れて！

豆乳がトマトの酸味をやわらげる

牛ひき肉のトマト煮

材料（2回分）

牛ひき肉…30g（大さじ2）
玉ねぎ…15g
（1.5cm幅のくし形切り1個）
トマトジュース（食塩無添加）
…40mℓ
無調整豆乳…大さじ1
きび砂糖…小さじ1/4

作り方

1 玉ねぎはあらみじんに切る。
2 鍋にトマトジュースを入れて熱し、煮立ってきたら、**1**、ひき肉をほぐしながら加える。肉に火が通り、玉ねぎがやわらかくなるまで煮る。
3 豆乳を加え、再び煮立ったら、砂糖を加えてまぜる。

DHA　ちょっとぜいたくだけど、新鮮な刺し身のDHAを脳に届けたい。

みその風味で魚のおいしさアップ

あじのミニハンバーグ

材料（3回分）

あじ…40g（刺し身4切れ）
A 絹ごし豆腐
　…10g（2cm角1個）
　かたくり粉…小さじ1
　みそ…小さじ1/4
米油…少々

作り方

1 あじは粘りが出るまでこまかく刻む。
2 ボウルに**1**、**A**を入れてよくまぜる。3等分し、平たい円形にととのえる。
3 フライパンに米油を熱し、**2**を並べて焼く。焼き色がついたら返し、ふたをして弱火で4分ほど焼いて火を通す。

Fe　DHA　麩も鉄がとれる食材。粉ミルクを使えば、牛乳より鉄とDHA強化に。

肉に麩をまぜるとやわらか食感に

豚ボールシチュー

材料（3回分）

豚ひき肉…25g
麩…1g
玉ねぎのみじん切り
…大さじ1
小松菜…20g（1/2株）
にんじん…20g（2cm角2個）
じゃがいも…20g（中1/8個）
A 湯でといた粉ミルク
　…60mℓ
　水…100mℓ

作り方

1 ボウルにひき肉とこまかく砕いた麩を入れ、玉ねぎを加えまぜて1cm大のだんご状に丸める。
2 小松菜、にんじん、じゃがいもは5〜7mm角に切る。
3 鍋に**A**、**2**を入れて火にかけ、野菜がやわらかくなったら、**1**を加えて火を通す。

Fe DHA あさりの水煮とかぶの葉には鉄、うずら卵にはDHAが豊富。

とろみづけで食感と味がまとまる

あさりとうずらの中華丼

材料（1回分）

- あさり水煮缶※1…身2個
- うずら卵（水煮）…2個
- かぶの実と葉…30g
- 玉ねぎ…10g（1cm幅のくし形切り1個）
- A 水…100mℓ / あさり缶の汁…大さじ1
- かたくり粉…小さじ1
- ごま油…少々
- ごはん※2…80g（子ども茶わん八分目）

※1 あさり水煮缶の残りは、クラムチャウダーに！（p.105）

※2 軟飯90gでもOK

作り方

1. かぶの実と葉、玉ねぎは1cm角に切る。あさりはこまかく刻む。
2. 鍋に**A**、**1**、うずら卵を入れて火にかけ、野菜がやわらかくなるまで煮る。かたくり粉を同量の水でとき、とろみ具合を見ながらまぜる。仕上げにごま油をたらす。
3. 器にごはんを盛り、**2**をかける。うずら卵は半分にしてのせる。

Fe DHA さば缶で手軽に、サンドイッチにも鉄とDHAをとり入れられる。

多めに作れば大人もいっしょに！

さばトマトサンド

材料（2回分）

- さば水煮缶…30g（大さじ2）
- 食パン（6枚切り）…2枚（耳を除く）※
- A あらごしトマト…30g（大さじ2） / 粉チーズ…ふたつまみ

※パンの耳はおやつに

作り方

1. さば水煮は熱湯に3分ほどひたし、湯をきる（塩抜き）。こまかくほぐし、骨があればとり除く。
2. ボウルに**1**、**A**を入れてまぜる。
3. 食パン1枚に**2**をぬり、もう1枚ではさみ、手で持って食べやすい大きさに切る。

Fe DHA 大人もつまめる、鉄リッチな手づかみおかず。冷凍しても便利。

魚がジューシーな新食感になる

まぐろと高野豆腐のつくね

材料（6回分）

- まぐろのたたき…80g
- 高野豆腐パウダー…15g（大さじ3弱）
- A とき卵…1/2個分 / おろししょうが…小さじ1 / 酒…小さじ1 / しょうゆ…少々
- ごま油…小さじ1

作り方

1. ボウルに高野豆腐パウダーと水40mℓを入れ、吸水させる。
2. **1**にまぐろ、**A**を加え、粘りが出るまでよくまぜる。6等分し、平たい円形にととのえる。
3. フライパンにごま油を熱し、**2**を並べて焼く。焼き色がついたら返し、ふたをして弱火で4分ほど焼いて火を通す。

余った分は保存容器に入れるかラップで包み、冷蔵で1日、冷凍で1週間保存可能。必ず再加熱してから与えてください。

Bone

骨を育てる離乳

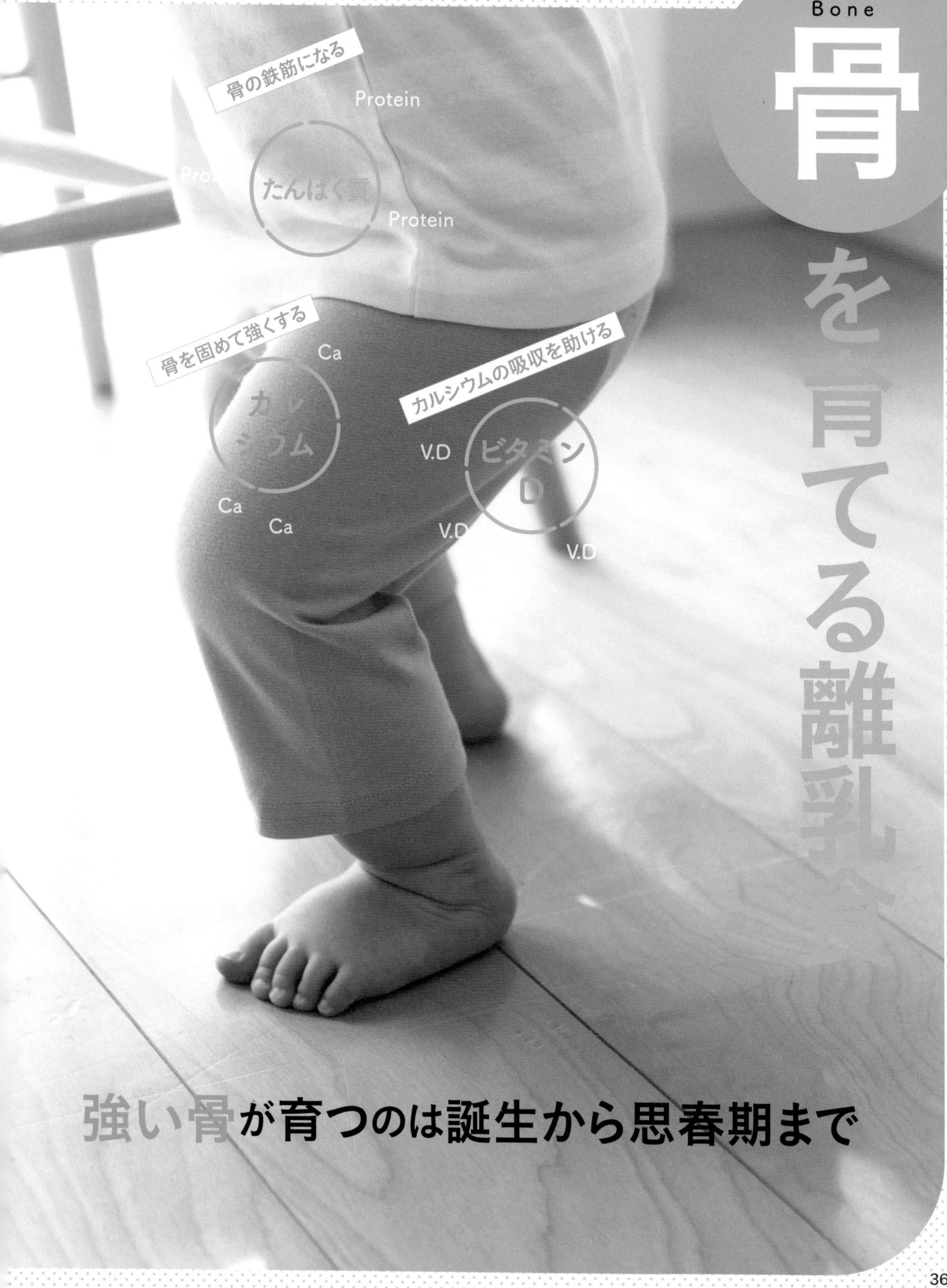

強い骨が育つのは誕生から思春期まで

骨を強くするには外遊びして、よく食べ、夜は早く寝る！

健康寿命を左右する、骨の問題。産後骨折や乳児のくる病の増加など、**女性と子どもの骨の健康は、思わしくない状況が続いています。**骨粗しょう症にいたっては、毎年100万人ずつ増加しているといわれています。

骨を強くできるのは、実は成長期だけだと知っていますか？　骨量（骨全体に含まれるカルシウムなどミネラルの量）は、20才前後で最大になり、40代からは減ってしまいます。

親としては、最大骨量をできる限りふやすことが、〝強い骨〟という一生の財産を子どもに与えることになると思うのです。

骨を強くするためのポイントは、運動・食事・睡眠の3つ。親子でぜひ実践しましょう。

運動の中でも、おすすめは外遊び。骨は運動して重力に逆らう刺激（負荷）を与えることで、強度が増すという仕組みになっています。**晴れた日の外遊びは、骨を刺激する運動をしながら、カルシウムの吸収を促すビタミンDも生成できて一石二鳥！**

骨を強くするために、食事で意識したい栄養素は、主にたんぱく質、カルシウム、ビタミンDです。40〜41ページの食材を毎日とれば、カルシウムと同時に、たんぱく質やビタミンDも補うことができます。朝食を欠食する人は骨密度（単位面積あたりの骨量）が低い傾向にあります。朝食でも栄養チャージを！

また、**カルシウム代謝は、就寝から最初の90分で多く分泌される成長ホルモンの働きによって促進されます。**夕食にカルシウムをとり、子どもは夜10時までに寝るのが理想的。よく遊び、よく食べ、よく寝る！　骨には規則正しい生活が一番です。

骨を強くするために必要なこと

子どもの最大骨量は親しだい

女性は閉経後に、骨量がガクンと減ってしまいます。悲しいことに、大人になってからいくら努力しても、骨量が大きくふえることは期待できません。子どものうちに骨量をふやしてあげることがとても大事です！

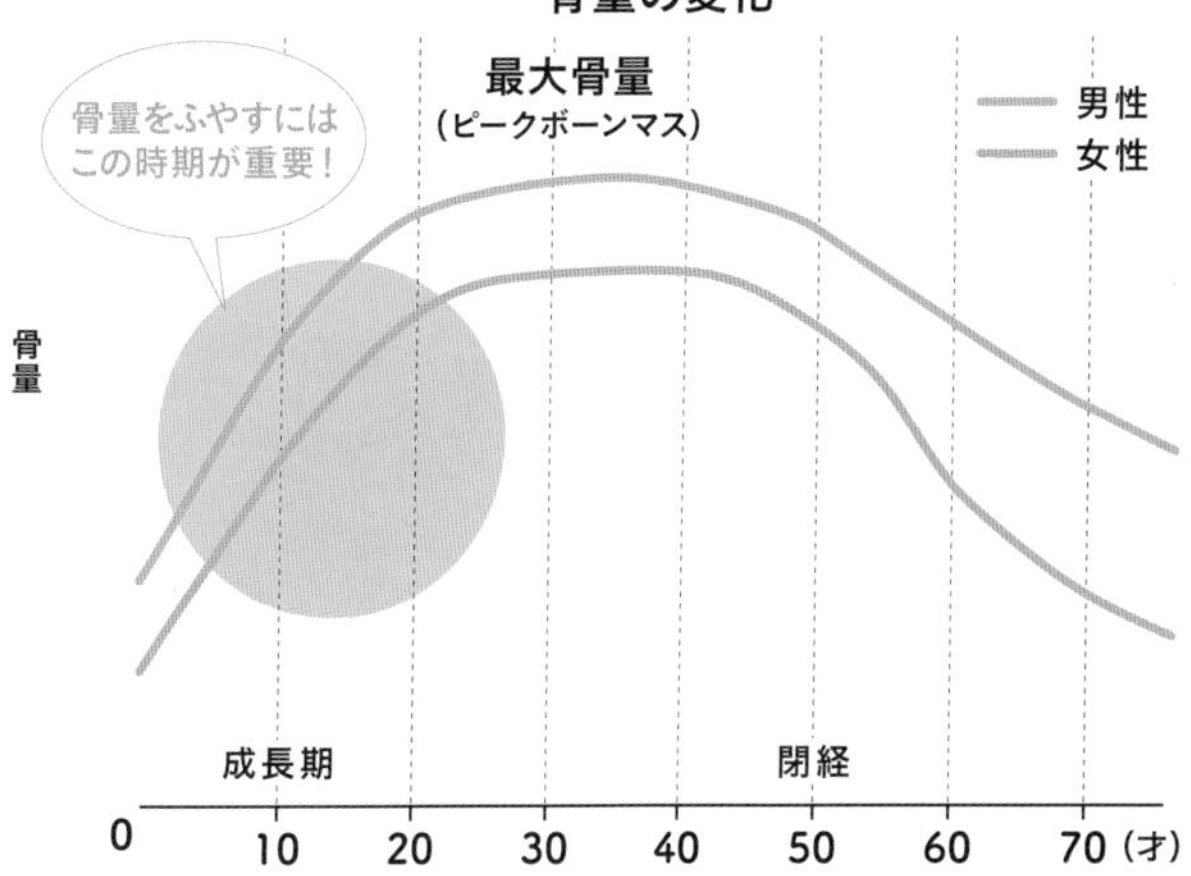

出典：「骨粗鬆症 検診・保健指導マニュアル第2版」折茂肇監修を一部改変

骨を育てる栄養素1

カルシウム

日々の食事で骨密度を高める

産後ダイエットはNG！ 目ざせ〝親子で丈夫な骨づくり〟

カルシウム吸収率がアップする授乳期に親子で骨を強化！

骨の構造は「鉄筋コンクリート」にたとえられます。たんぱく質（コラーゲン）が鉄筋で、カルシウムがコンクリート。**カルシウムが詰まっているほど、密度の高い丈夫な骨になります。**

子どもの骨を強くすると同時に、産後ママは自身の骨のケアも重要です！ 骨の中身は見えないので、機会があれば骨密度を測ってみてください。

ママは、妊娠中は胎盤を通して、産後は授乳によって、赤ちゃんにカルシウムを与えています。そのため、骨量は一時的に減少しますが、実は、妊娠中と授乳中はカルシウム吸収率が1・5～2倍くらいアップするため、カルシウムを効率よくとれるチャンスでもあるのです。

離乳とともにV字回復できれば、骨量は自然と妊娠前の状態に戻っていきます。

ただ近年では、そもそも女性のカルシウム摂取量が少なく、高年出産、やせ型（栄養不足）の女性がふえていることから、産後骨折が増加しているという報告があります。

産後1年は、親子で骨を強化することがとても大事な時期。ママはちゃんと栄養をとらないと、将来、骨がもろく折れやすくなるおそれがあります。**体の回復と骨の強化のため、産後ダイエットは絶対にNGです。**

骨密度が低いと骨はスカスカに！

カルシウムが詰まっていない骨はスカスカで、強度が低下し、骨折しやすくなります。女性は、骨粗しょう症になるリスクが男性の3～4倍なので要注意。子どもに関しても、小・中・高校での骨折がふえています。

授乳中の食事がV字回復のカギ

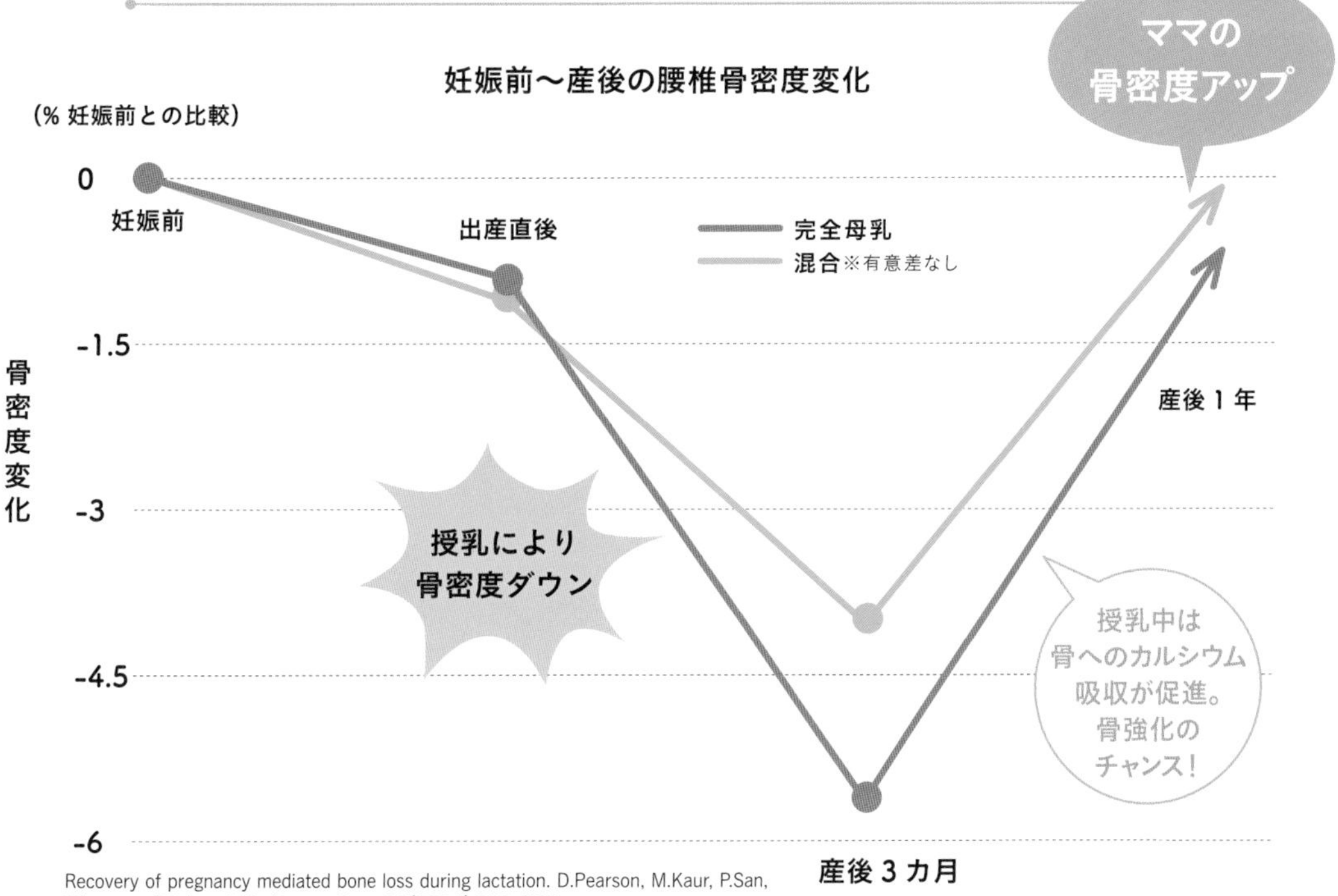

Recovery of pregnancy mediated bone loss during lactation. D.Pearson, M.Kaur, P.San, N.Lawson, P.Baker, D.Hosking ＊Bone 34(2004) 570-578

1才以降のカルシウム補給がカギ

おやつでもカルシウムを意識する

牛乳やヨーグルト、チーズなどの乳製品は、親子ともに手軽にカルシウム補給ができます。冷蔵庫にストックして、1才以降のおやつに活用しましょう (p.127)。

朝昼晩で食材からコツコツとる

卒乳後は、授乳からのカルシウム補給がなくなるかわりに、食材からの摂取を心がけましょう。納豆などの大豆製品、青菜、骨ごと食べる魚などをとり入れて(p.40)。

カルシウムの豊富な食材

1 乳製品

2 大豆製品

和食メニューは カルシウム&鉄が豊富。 そのうえ太らない！

カルシウムは、小学校の給食で牛乳を飲む期間以外は、日本人全体で不足しています。育児中の家族は特に、みんなで意識してとってほしい栄養素です。

カルシウムの1日の推奨量は、ママが650mg。1才児が450mg。食材100gあたりだと、ヨーグルト120mg、木綿豆腐93mg、さば水煮260mg、小松菜170mg、切り干し大根は10gで50mgのカルシウムがとれます。

カルシウムの豊富な食材を家にストックしておき、1日3食とおやつに分けて積極的にとると、推奨量に達成！

1の牛乳はカルシウム源として手軽ですが、卒乳後、母乳やミルクのかわりに多量に飲むのはおすすめしません。なぜなら、牛乳は鉄をほとんど含まないた

親子で積極的にとりたい！

3 魚・貝類 骨ごと食べる

4 青菜など

5 乾物

め、牛乳で満腹になって鉄摂取が減ると、貧血になるリスクがあるからです。乳製品はおやつや調理に適量を使いましょう。

もし、どうしても乳製品に偏ってしまう場合は、鉄が添加された牛乳やチーズを選んでください。**牛乳は骨をつくる強い味方ですが、血液をつくるわけではない**ので要注意。

2～5は、鉄も同時にとれる食材が多いので、おすすめです。納豆丼、ひじきの炊き込みごはん、豆腐と青菜のみそ汁、あさりのみそ汁、青菜のおひたし、切り干し大根の煮物など、**和食メニューはカルシウム&鉄をダブルで摂取できる点が優秀！**

和食はカロリーを抑えられるのも魅力です。たとえば外食でも、煮魚定食はしっかり食べて500～600kcalですが、洋食のハンバーグ定食は1000kcal超え。産後太りが気になるというママは断然、和食です。

骨を育てる栄養素2

ビタミンD

骨が軟化する「くる病」を予防

血中ビタミンD濃度を上げるには、適度な日光浴を！

1才6カ月ごろのよちよち歩きのO脚はビタミンD不足かも!?

ビタミンDには腸管からカルシウムが吸収されるのを助ける働きがあり、**骨や歯の強化、身長の伸びに欠かせません。**カルシウムは足りていると思っていても、ビタミンDを欠乏させると、骨や歯の成長や強度に影響します。

新型コロナウイルス感染症が流行する前から、乳幼児の「くる病」は増加しています。**くる病は、ビタミンDが欠乏して骨がやわらかくなる病気。**身長の伸びが悪かったり、足がO脚になったりして、1才6カ月健診などで判明することが多いです。

最近の研究では、くる病とは診断されない程度の「生理的O脚」の赤ちゃんが、O脚のない赤ちゃんにくらべて、ビタミンDが不足していたことが報告されています（左ページ）。

ビタミンDは皮膚が日光（紫外線）を浴びて体内で生成されます。そのため、**UVケアを徹底する親子がふえたことや、コロナ禍で外出の頻度が減ったことなどが、ビタミンD不足に拍車をかけている**と考えられます。

また、ビタミンD不足は身長の伸び率にも影響します。エコチル調査 南九州・沖縄ユニットセンターでは、約3600人の2才時と4才時の身長を調査。ビタミンD欠乏がある子どもは、身長の伸びが0・6㎝小さかったことを報告しています。

ビタミンD欠乏症がふえている

15才以下のビタミンD欠乏症の有病率（10万人対）は、2009年の3.88人から、2014年には12.30人に。母乳にビタミンDが少ないことや、生後9カ月～1才ごろまで母乳だけで育てた場合に欠乏しやすいという報告があります。

伊藤明子ら 日本内分泌学会2016より

こんな勘違いでビタミンD不足に!?

1. 感染症が心配で外出しない
2. 完全なUVケアで紫外線をカットする
3. 食物アレルギーがこわいから、卵や魚のスタートは遅らせる

感染症をおそれて外出を控えたり、過度に日焼け止めを使ったりしていませんか？ さらに魚や卵も食べなければ、ビタミンDが欠乏して、骨の成長が滞るおそれも！

ビタミンDが腸管からのカルシウム吸収を助ける

骨の材料になるカルシウムは、体内に吸収されにくい栄養素ですが、ビタミンDの働きによって小腸の細胞膜にとり込まれやすくなります。また、ビタミンDは骨へのカルシウム沈着を調整し、骨の形成をサポートします。

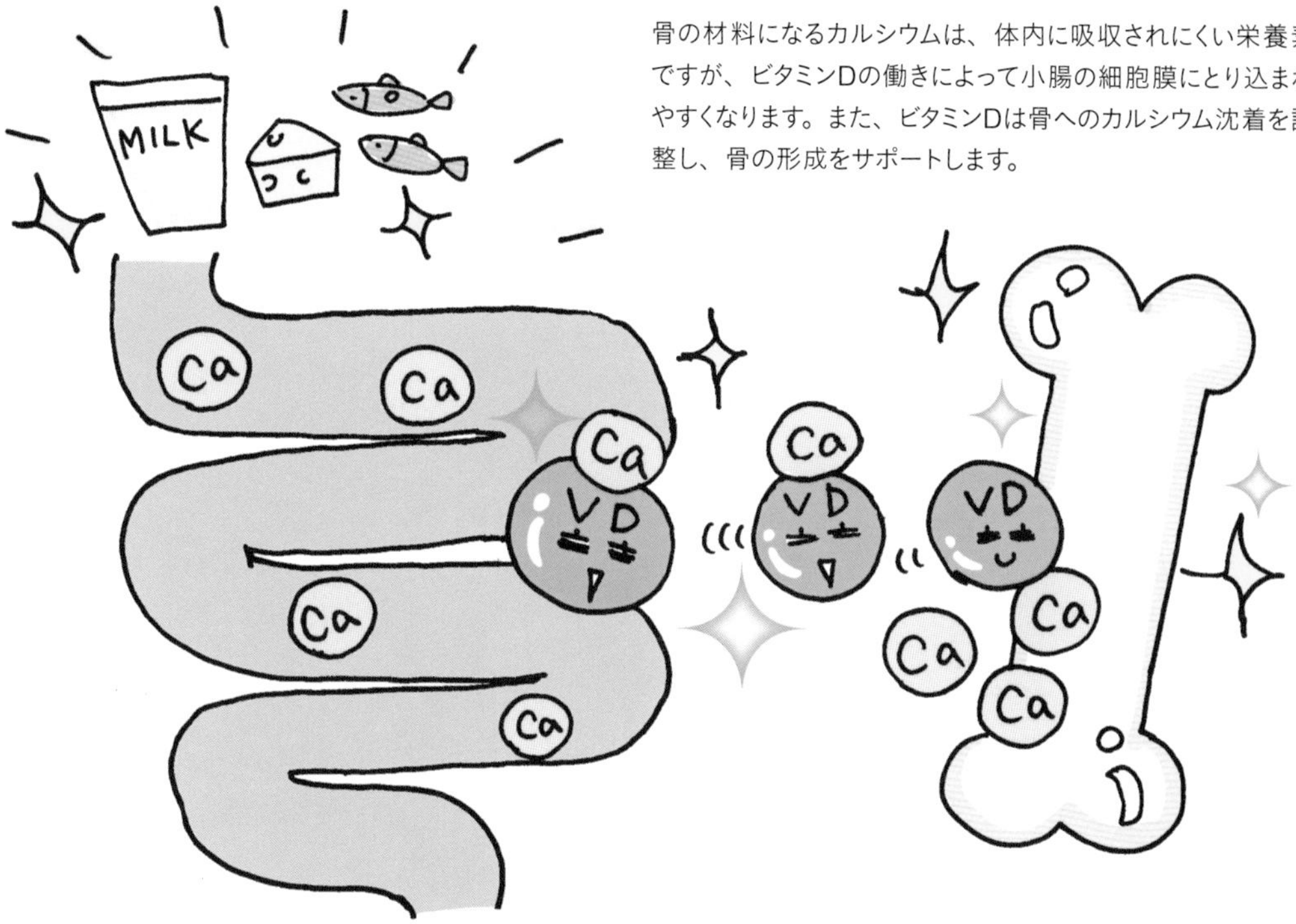

O脚の赤ちゃんはビタミンDが不足している

下のO脚ありの赤ちゃんは、単純レントゲン画像では、「生理的O脚」と呼ばれます。しかし、血液検査の結果、O脚のない赤ちゃんよりビタミンDが不足していて、カルシウムの吸収が悪くなると分泌がふえるホルモンの数値が高くなっているなど、基準値の範囲内ではあるものの、くる病に近い状態にあることがわかりました。

写真

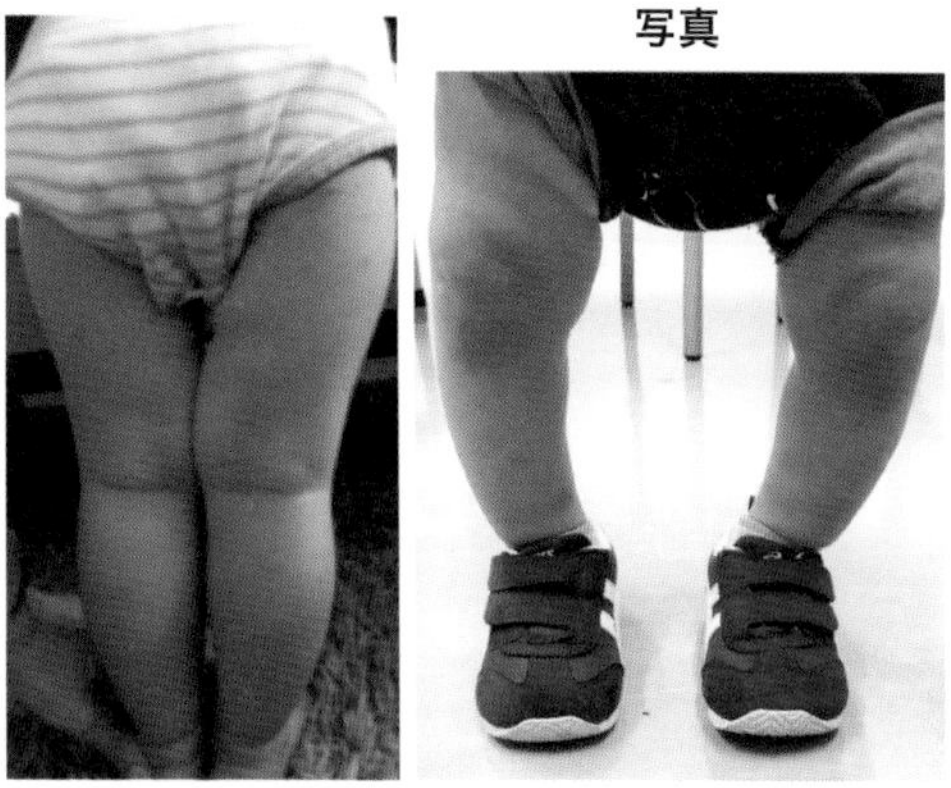

O脚なし　O脚あり

単純レントゲン

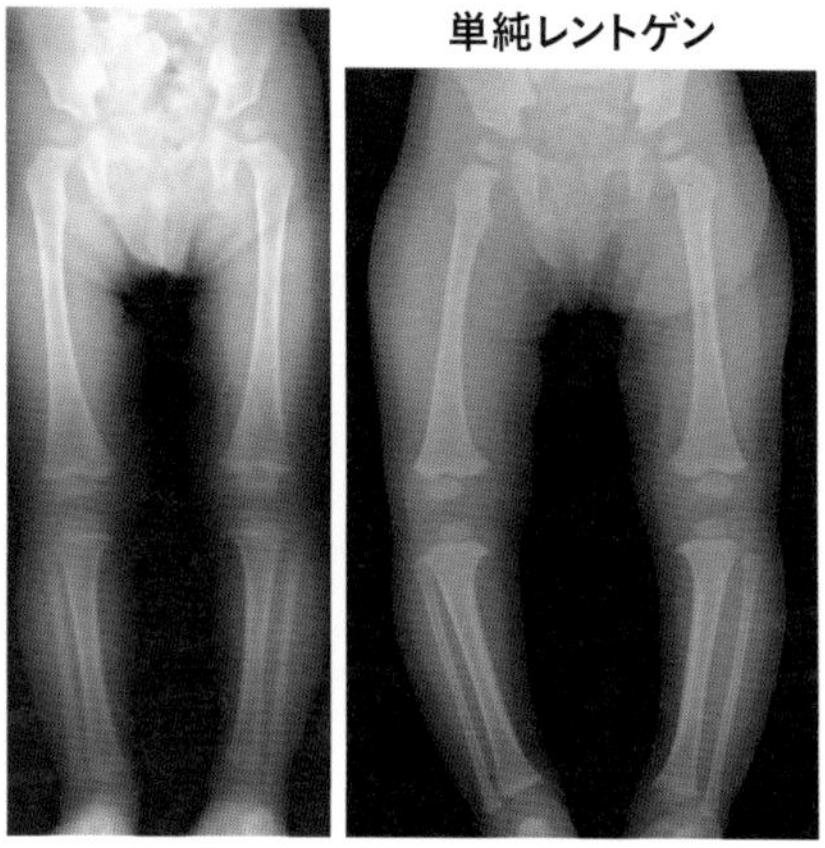

O脚なし　O脚あり

「『生理的O脚』と呼ばれている状態とビタミンD欠乏との関連」（順天堂大学医学部共同研究チーム）科学雑誌 *Calcified Tissue International* 2020年2月号に掲載

Sunshine

子どもだけでなく大人も！ビタミンDを補給して

Point 1 日焼けしない程度に日光に当たろう

体内でビタミンDを生成するには、日焼け止めを使わずに、顔や手が出る服装で、皮膚に日光を浴びることが条件。じゅうぶんなビタミンDを生成するのに必要な時間は、季節や地域によってもかなりの差があります。

10μgのビタミンDを生成するのに必要な時間

顔と両手の甲の面積に相当する600㎠の肌を日光にさらしたと仮定した場合

	7月 午前中	7月 正午	7月 午後	12月
札幌	14分	8分	24分	139分
つくば	11分	6分	18分	41分
那覇	16分	5分	10分	14分

出典：独立行政法人 国立環境研究所「太陽紫外線による健康のためのビタミンD生成と皮膚への有害性評価ー国内5地点におけるビタミンD生成・紅斑紫外線量準リアルタイム情報の提供開始ー」(2014年)

Point 3 ビタミンD強化食品やサプリメントを使う

明らかにビタミンD不足と感じる場合は、強化食品やサプリメントも活用を。紫外線＋食品＋サプリメントで、合計してビタミンDを摂取することを小児科医も推奨しています。

日本で購入可能な乳幼児用天然型ビタミンDオイル「BabyD®」(森下仁丹オンラインショップなどで入手可)。1日1～2滴が目安。

Point 2 魚や卵を食べる

日照時間が少ない場合には、食事からのビタミンD補給を心がけて。ビタミンDが豊富なのは鮭、いわし、しらす干し、さば、あじなどの魚。卵やきのこからも摂取できます。

鮭

いわし

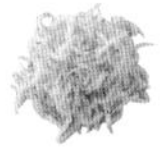
しらす干し

卵

きくらげ（大人）

干ししいたけ

合言葉は「日光浴＋魚」。日々の心がけで骨を強く、病気も防ぐ！

欧米諸国の基準値と照らし合わせ、**大人のビタミンD推奨量を1日10μgとすると、関東地方で夏に15分前後、冬に1時間程度の日光浴が必要**になります。子どもは5μgなのでその半分。

ママは顔をUVケアしても、せめて手足は少しの間、日光浴を。どうしても日焼け止めを使いたい人は、ビタミンDの生成を妨げないタイプをおすすめします。

魚は種類にもよりますが、**鮭1／3〜1切れ（30〜100g）を食べれば10μgを摂取**することができます。「エブリデー、鮭！」といいたいほど、優秀です。

どの魚にビタミンDが多いかと聞かれれば、鮭、いわし、かれい、しらす干し、さんま、さば、めかじき、ぶり、あじ、まぐろ、かつおなど。どれも、おいしい魚ばかり。**旬の魚をおいしく、毎日（それが無理でも2〜3日に1回は）食べるように心がける**ことで、ビタミンDと、同時に脳を育てるDHAも摂取できます。

ちなみに、ゆで卵1個（Lサイズ60g）には1・5μgのビタミンDが含まれています。

赤ちゃんにも、食物アレルギーが心配だからと、魚や卵を遅らせることなく、目安の時期に食べさせましょう。鉄と同様に、**ビタミンDも食品に添加する国の施策はないため、親のリテラシーが影響**します。

また、ビタミンDは近年、「免疫のビタミン」としても注目を集めています。**新型コロナウイルスに感染するリスクや重症化リスクとも関わっている**ことが、世界各国の調査で明らかになっています。ビタミンDは全世代に重要なビタミン！ 日光浴と栄養バランスのよい食事で、病気を撃退しましょう。

ビタミンD欠乏は全身の健康に関わる

ビタミンDを欠乏させると、早産、自閉症、くる病、アレルギー性疾患、糖尿病、感染症、がん、認知機能障害などの発症リスクがふえる可能性があります。健康作用は絶大！ 胎児から高齢者まで、不足に注意しましょう。

多くの欧米各国ですべての乳幼児にビタミンDのサプリメントを推奨している

妊娠中の血中ビタミンD濃度が早産にも影響する

ビタミンD不足があると新型コロナウイルス感染症罹患のリスクが4.6倍

Katz J, et al. Nutrition 2020 Dec 4

大腸がん、乳がん、前立腺がんなどと関連性あり

アトピー性皮膚炎の子どもは血中ビタミンD濃度が低い

HattangdiHahridas. Nutrients 2019

日本小児科学会「現代のくる病診療A to Z」より

Vitamin D　白身魚は鯛のほか、かれいもビタミンDが豊富なので使ってみて。

マッシュポテトで魚を包み込む

白身魚のポテトあえ

材料（1回分）
白身魚（真鯛など）
　…10g（刺し身1切れ）
じゃがいも…15g（中1/10個）
湯冷まし…大さじ2

作り方
1 じゃがいもは皮をむいて小さく切り、やわらかくゆで、すりつぶす。
2 同じ湯で魚もゆでて火を通し、じゃがいもと合わせ、なめらかにすりつぶす。
3 湯冷ましで食べやすくのばす。

Ca　Vitamin D　骨ごと食べるしらす干しで、カルシウムとビタミンDをゲット！

だしやスープのうまみをプラス

しらすのしっとり大根あえ

材料（1〜2回分）
しらす干し
　…10g（大さじ1強）
大根…25g（3cm角1個弱）
だし…小さじ2（作り方はp.84）

作り方
1 しらすは熱湯に5分ほどひたし、湯をきる（塩抜き）。
2 大根は皮をむいて一口大に切り、熱湯で20分ほど、やわらかくゆでる。
3 **1**と**2**をなめらかにすりつぶし、だしを加えまぜる。
またはp.82「昆布だし野菜スープ」の大根をすりつぶし、スープをまぜても。

Ca　Vitamin D　卵黄はビタミンDとカルシウムを含むので、骨強化にも役立つ。

卵とミルクでまろやかな味わい

卵黄のせトマトミルクがゆ

材料（1回分）
卵黄（かたゆで卵の黄身）※
　…耳かき1杯〜1/8個
湯でといた粉ミルク…20mℓ
トマト（皮と種を除く）
　…10g（くし形切り小1個）
10倍がゆのすりつぶし（p.59）
　…40g（大さじ3弱）
※はじめての卵黄は1さじから（p.52）

作り方
1 トマトはラップをかけて電子レンジ（600W）で20秒加熱し、なめらかにすりつぶす。
2 おかゆに **1** 、ミルクを加えまぜ、器に盛る。
3 卵黄は湯冷まし少量で食べやすくのばし、**2**にのせる。

Vitamin D　鮭はビタミンDの含有量が断トツ。モグモグ期になったらトライ！

おろし玉ねぎでぐっと洋風になる

鮭のオニオンリゾット

材料（2回分）
生鮭…20g（刺し身2切れ）
玉ねぎ…40g（中1/4個）
ブロッコリー（穂先のみ）
…15g
ごはん…70g

作り方
1 玉ねぎはすりおろす。生鮭とブロッコリーはこまかく刻む。
2 鍋にごはん、水200mℓ、**1**を入れて熱し、煮立ったら弱火にし、ふたをして15分煮る。途中、水分が減ったら足す。

Ca　Vitamin D　ほぼ完全栄養食品の卵は、パンがゆにまぜるのも手軽でおすすめ。

コーンとミルクの甘みにニッコリ

卵とコーンのパンがゆ

材料（1回分）
とき卵※1…1/4個分
食パン（8枚切り）
…1/4枚（耳を除く）
A クリームコーン※2
…15g（大さじ1）
粉ミルク…2g
水…50mℓ
※1 はじめての卵白は1さじから
※2 あれば食塩不使用・裏ごしタイプを。薄皮がある場合は、裏ごしする

作り方
1 鍋に**A**を入れてまぜ、火にかける。
2 煮立ったら弱火にし、とき卵を回し入れてまぜ、火を通す。
3 食パンをこまかくちぎって加えまぜ、ひと煮立ちさせる。

Ca　豆腐とかぶの葉はカルシウムが豊富。汁物にどんどん活用しよう。

刻んだ葉がとろみで飲み込みやすい

豆腐とかぶのとろみ汁

材料（1回分）
絹ごし豆腐
…15g（2.5cm角1個）
かぶとかぶの葉
…合わせて20g
だし…80mℓ（作り方はp.84）
かたくり粉…小さじ1/2

作り方
1 かぶとかぶの葉は2〜3mm角に切る。
2 鍋にだし、**1**、豆腐を入れ、豆腐をくずしながら野菜がやわらかくなるまで煮る。
3 かたくり粉を同量の水でとき、とろみ具合を見ながら、**2**に加えまぜる。

余った分は保存容器に入れるかラップで包み、冷蔵で1日、冷凍で1週間保存可能。必ず再加熱してから与えてください。

Vitamin D　卵とツナ缶がビタミンDの供給源に。大人もいっしょにどうぞ。

おろしにんじんで栄養価をアップ

ツナのオムレツ

材料（4回分）
卵…1個
ツナ水煮缶…35g（1/2缶）
にんじん…20g（中1/8本）
塩…ひとつまみ
オリーブ油…少々

作り方
1 にんじんは皮をむき、すりおろす。
2 ボウルに卵を割りほぐし、1、ツナ、塩を加えまぜる。
3 フライパンにオリーブ油を熱し、2を流し入れる。半熟状になるまで手早くまぜ、端に寄せてオムレツ形にととのえる。返してふたをして、ごく弱火で3分焼き、卵に火を通す。

Vitamin D　きのこはビタミンD補給のほか、腸内環境をととのえるのにも◎。

栄養満点＆素材のうまみが豊か

きのこと根菜の卵スープ

材料（赤ちゃん1回＋大人1人分）
とき卵…1/2個分
しいたけ…20g（1個）
鶏胸肉…30g
ブロッコリー…15g
玉ねぎ…40g（中1/4個）
にんじん…20g（中1/8本）
しょうゆ…小さじ1/4

作り方
1 鶏肉、玉ねぎ、にんじん、しいたけは5〜7mm角に切る。ブロッコリーは小さくほぐす。
2 鍋に水300mℓ、1を入れて熱し、15分ほど煮る。とき卵を回し入れ、さらに5分ほど煮る。
3 しょうゆで味つけし、赤ちゃんに1/3量、大人には残りを盛る。

Ca　Vitamin D　月齢が進んでも、骨強化にはしらす干し！ 忘れずにストックを。

だしのやさしさにホッとする

小松菜としらすのうどん

材料（1回分）
しらす干し
　…15g（大さじ1.5）
小松菜…20g（1/2株）
にんじん…10g
　（7mm幅の輪切り1個）
ゆでうどん…60g（1/3玉弱）
だし…150mℓ（作り方はp.84）

作り方
1 うどんは2〜3cm長さに切る。にんじんは5〜7mm角に切り、小松菜はこまかく刻む。しらすは熱湯に5分ほどひたし、湯をきる（塩抜き）。
2 鍋にだし、1を入れて煮立て、野菜がやわらかくなるまで煮る。

Ca Vitamin D さば水煮はカルシウム、ビタミンD、鉄、DHAがすべて豊富。

大根で煮てしっとり、さっぱり

さばのおろし煮丼

材料（1回分）

さば水煮缶…15g（大さじ1）
大根おろし…大さじ2
ごはん※…80g
（子ども茶わん八分目）
青のり…少々
※軟飯90gでもOK

作り方

1 さばは熱湯に3分ほどひたし、湯をきる（塩抜き）。こまかくほぐし、骨があればとり除く。
2 鍋に**1**を入れ、大根おろしを加え、弱火で5分ほど煮る。途中、水分が足りなければ、少し水を足す。
3 器にごはんを盛り、**2**をのせ、青のりを振る。

Ca Vitamin D 乳製品のカルシウム×鮭のビタミンDは、骨を育てる最強コンビ。

チーズのコクと香ばしさで完食！

鮭と野菜のチーズ焼き

材料（1回分）

生鮭…10g（刺し身1切れ）
ピザ用チーズ
…4g（ふたつまみ）
かぼちゃ
…15g（2.5cm角1個）
ブロッコリー（ゆでたもの）
…15g（小房1.5個）
オリーブ油…少々

作り方

1 生鮭、かぼちゃ、ブロッコリーは手づかみしやすい大きさに切る。
2 フライパンにオリーブ油を熱し、生鮭、かぼちゃを入れてふたをして、蒸し焼きにする。
3 やわらかくなったら、ブロッコリーを加え、チーズを散らし、チーズがとけるまで蒸し焼きにする。

Vitamin D 刻んだきのこでビタミンDを補給。大人のおやつにもおいしい♪

きのこ嫌いも甘いお焼きならOK

きのこ入りいももち

材料（12個・6回分）

しいたけ…20g（1個）
しめじ…20g（1/5パック）
さつまいも…1本（正味150g）
かたくり粉…小さじ1
（様子を見てふやす）
しょうゆ…小さじ1/4
ごま油…少々

作り方

1 さつまいもは皮をむいて一口大に切り、水にさらしてアク抜きする。きのこは石づきを切り落とし、みじん切りにする。
2 鍋でさつまいもを水からゆでる。5分ほどできのこを加え、さらに5分ゆで、ざるに上げる。
3 ボウルに**2**とかたくり粉、しょうゆを入れてつぶしながらまぜ、12等分し、平たい円形にととのえる。
4 フライパンにごま油を熱し、**3**を並べ入れ、両面をこんがりと焼く。

余った分は保存容器に入れるかラップで包み、冷蔵で1日、冷凍で1週間保存可能。必ず再加熱してから与えてください。

Allergy

食物アレルギー

開始を遅らせない

消化機能の未熟な0～1才代の赤ちゃんに多い

食物アレルギーの原因になるのは、食べ物に含まれる「たんぱく質」です。赤ちゃんに食物アレルギーが多いのは、消化機能が未熟なため、**たんぱく質が大きいまま吸収されて体が「異物」と判断する**ことがあるから。多くの場合、1才半ごろから消化機能や免疫力がアップして、少しずつ食べられるようになります。

離乳食で気をつけたいのは、**はじめての食べ物を「いきなりたくさん食べさせない」**こと。食物アレルギーの典型的な症状は、食べてから15分（遅くとも2時間）以内に見られる、皮膚の赤みやかゆみ、嘔吐、下痢、ゼイゼイするなど。ごく少量なら、これらの症状が軽い程度で気づくことができます。必要以上にこわがらなくてだいじょうぶです。

卵など特定の食べ物を与えない、または遅らせることに、予防の効果はないことがわかっています。完全除去すると、かえって異物と認識されて抗体がつくられやすくなるため、食べられる量を食べていることがたいせつ。

また、食べ物のアレルゲン（原因物質）は空気中に浮遊しているため、**肌が荒れていてバリア機能が低下した状態だと、アレルゲンが体に侵入しやすく**なります。湿疹がある赤ちゃんは小児科や皮膚科を受診して、肌をすこやかにしてあげましょう。

原因になる食べ物は年齢により異なる

0才は、卵、牛乳、小麦が3大アレルゲン。1才以降は、卵や牛乳は耐性を獲得して食べられるようになっていく一方、はじめて食べさせる木の実、魚卵、落花生などが新たな原因食物に。木の実類（くるみ、ナッツなど）は栄養価が高く、世界的に注目されていることで家庭での消費量がふえ、近年では幼児期の上位にランクインしています。

年齢群別原因食物（初発例）

	0才	1・2才	3～6才
1	鶏卵 61.1%	鶏卵 31.7%	木の実類 41.7%
2	牛乳 24.0%	木の実類 24.3%	魚卵 19.1%
3	小麦 11.1%	魚卵 13.0%	落花生 12.5%
4		落花生 9.3%	
5		牛乳 5.9%	
6			
小計	96.1%	84.2%	73.3%

各年齢群で5%以上の頻度の原因食物。小計は各年齢群で表記されている原因食物の頻度の集計。
「令和3年度 食物アレルギーに関連する食品表示に関する調査研究事業報告書」（令和4年3月 消費者庁）より一部転載

あいち小児保健医療総合センター センター長 兼 免疫・アレルギーセンター長　伊藤浩明監修（p.50～53）

はじめての食材は「1さじ」から

赤ちゃんスプーンで 1さじを与える

こんなときは受診

- 食べたあと、すぐに顔や体が赤くなる
- 食べたらすぐ嘔吐する

OKだったら

食べたあとに体調に変化がなければ、次回から少しずつ量をふやしていきます。

はじめての食材を 与えるときのポイント

1 1回で1種類にする

はじめての食材が2つ以上あると、食物アレルギーの症状が出たときに、原因の食材を特定できなくなってしまいます。

2 ごく少量にする

赤ちゃんがほしがっても、少量に。「あれ、口のまわりが急に赤くなった」という程度の軽い症状で気づくことができます。

3 体調のいいときに

湿疹や下痢があるとき、機嫌の悪いときなどは、食物アレルギー症状と区別しにくいです。体調・機嫌のよいときにトライを。

4 受診のできる時間に

症状は食べてから15分以内、遅くとも2時間以内に出る「即時型」がほとんど。受診できる時間帯に食べさせると安心です。

肌荒れを治すことがたいせつ

ただの乾燥肌か、アレルギー反応による湿疹か、見分けるのはむずかしいです。医師は湿疹のある部分だけでなく、全身の肌の状態を見て判断します。右のような症状があればアレルギー専門医に相談し、必要なら血液検査で抗体を調べましょう。

離乳食開始前でも こんな症状があったら受診を

- **ジクジクした湿疹**がある
- 顔の一部だけでなく、**体や手足に広がる湿疹**がある
- ステロイド軟膏を使って一時的によくなっても、すぐに**再発する湿疹**がある
- ママが特定の食べ物（卵など）を食べて**授乳すると、湿疹の悪化や皮膚の赤みが出る**

食物
アレルギー

特徴を知って少量から始める

0才で多い3大アレルゲンも目安の時期になったら

牛乳・乳製品のスタート

離乳食開始前まで

育児用ミルクを与えている

↓

牛乳アレルギーの心配はありません

育児用ミルクも、ヨーグルトやチーズなど乳製品も、すべて主原料は牛乳です。そのため、離乳食開始まで育児用ミルクを飲んでいる赤ちゃんは、牛乳・乳製品については問題なく始められます。

離乳食開始前まで

完全母乳を与えている

↓

牛乳・乳製品のスタートは慎重に

完全母乳で育てている赤ちゃんに、育児用ミルクや牛乳・乳製品を与えると、まれに牛乳アレルギーを発症することも。はじめて与えるときはごく少量にして、その後の体調の変化に気をつけてください。

卵・卵製品のスタート

始める時期の目安

5〜6カ月ごろ

はじめの一口

かたゆで卵黄から

原因の多くは“卵白”よく加熱することが大事

卵のアレルゲンの大部分は、卵白のたんぱく質なので、卵黄のアレルゲン性は強くありません。そのため、離乳食は卵黄から始め、卵黄に慣れたら卵白を試します。卵は加熱時間が長く、加熱温度が高いほど、アレルゲン性が低くなるため、離乳食では20分ほどしっかりゆでた「かたゆで卵黄」から始めるのが安心です。

基本の下ごしらえ

卵を熱湯で20分ゆでで、完全に中まで火を通す。殻をむいて半分に割り、卵黄をとり出す。

↓

卵黄を半分に割り、スプーンで中央部分から「耳かき1杯程度」をすくう。心配なら、まずはこの量をおかゆにまぜて。

そのほかの注意したい食品

木の実類 落花生

幼児期での発症が多い

ナッツやくるみ、落花生には強いアレルゲン性があり、幼児期に発症がふえます。かたくてかみ砕けないので、誤って気管に入る「誤嚥《ごえん》」も多いです。ごまも同じ。お菓子など加工食品にも注意が必要です。特にアトピー性皮膚炎やほかの食物アレルギーをもっている子は、木の実類と落花生をはじめて食べるタイミングについて、医師に相談しましょう。

イクラ

魚卵アレルギーで最も多い

生食なので、離乳食期は厳禁。のどに詰まらせた例もあります。魚卵は1才以降、原因食べ物としてふえますが、イクラアレルギーが最も多く、たらこや数の子アレルギーはまれです。

えび かに

甲殻類アレルギーの代表

甲殻類アレルギーは、学童期以降にふえます。えびのたんぱく質（主要アレルゲン）はかにと似ているので、えびで発症すると半数以上がかにでも発症。試すなら1才以降、体調を見ながら慎重に。

小麦・小麦製品のスタート

始める時期の目安

6～7カ月ごろ

はじめの一口

ゆでうどんから

小麦たんぱく質の量が多いほど症状が強くなる

小麦製品のアレルゲン性は、その食品に含まれる「小麦たんぱく質の量」で決まります。パンは小麦たんぱく質の量が多いため、小麦製品を最初に試すときは「うどん」が適しています。微量で強く反応する子もいるため、離乳食開始前から湿疹があるなど、食物アレルギーが不安な場合は特に、ごく少量から試します。

パンを試すのはうどん、卵や牛乳に慣れてから

離乳食にはシンプルな食パンを使いますが、多くの食パンには卵や牛乳が少量含まれています。ゆでうどんを食べられて小麦がだいじょうぶでも、卵や牛乳アレルギーが心配な場合は、それらを試したあとにパンを始めましょう。オートミールは小麦アレルギーの場合も食べられることがあるので、主治医に相談を。

基本の下ごしらえ

パンがゆ

包丁でこまかく刻むか、手でこまかくちぎる。

水やだし、ミルクなどといっしょに鍋で煮る。カミカミ期以降は、手づかみもできるように。

基本の下ごしらえ

うどんがゆ

コシのある乾めんより、ゆでうどんがおすすめ。ぬらした包丁で、こまかく刻む。

赤ちゃんが舌でつぶせるくらいに、熱湯でやわらかくゆでる。6カ月ごろなら、すり鉢ですりつぶす。

うっかり与えないように気をつけて！

離乳食のNG食材

消化機能が未熟で、細菌に対する抵抗力や、そしゃく力も弱い赤ちゃん。
大人は普通に食べられても、要注意な食材があります。

ボツリヌス菌が心配

黒砂糖

1才までは与えず、オリゴ糖などに

黒砂糖もはちみつと製法が同じで、ボツリヌス菌が含まれることがあるため、避けたほうが安心です。オリゴ糖やメープルシロップは、6カ月ごろから少量を与えてもかまいません。

はちみつ

乳児の死亡例もあるので気をつけて

ボツリヌス菌が混入していることがあるため、腸内環境がととのう1才までは与えません。はちみつ入りのお菓子などもNG。母乳への影響はないので、ママは食べてもだいじょうぶです。

食中毒が心配

刺し身

細菌や寄生虫による食中毒のおそれが

新鮮でやわらかく、食べさせたくなりますが、生の魚を食べさせては、絶対にダメ。細菌や寄生虫による食中毒のおそれがあります。生の魚を使ったすしやサラダも与えないで。

生卵

生食は厳禁！1才まではよく加熱を

生卵のたんぱく質は食物アレルギーを引き起こす力がとても強く、細菌の汚染による食中毒の心配もあります。半熟状のオムレツや温泉卵、生卵を含むマヨネーズも1才以降に。

かたくてかみ切れない

奥歯が生えそろう幼児期まで控えて

奥歯が生えそろう2才半～3才ごろまでは、弾力があってかみ切れないかまぼこ、ちくわ、ベーグルなどは与えません。いか、たこを試すなら1才以降に、たたいて刻んでやわらかく火を通すなど、工夫しましょう。

かまぼこ
ちくわ
いか
たこ
ベーグル
など

のどに詰まる危険がある

かみ砕けない食材は与えない

食べ物をのどに詰まらせる事故は、乳幼児で多発しています。もちは2才までは与えないで。生のりんごは加熱してやわらかくし、ぶどうは皮をむいて小さく切ります。丸い形でのどをふさぐ豆類やミニトマトも要注意。

もち
こんにゃく
あめ玉
生のりんご
ぶどう
など

Part

2

時期ごとに勃発する悩みを解決！

離乳食の進め方

離乳食って、思いどおりにいかないことばかり。

その時期の発達やステップアップの目安、モデル献立を紹介しながら、

Momo×Hiroが熱いエールを送ります。

Momo

予防医療・栄養コンサルタント。
小学1年生と3才の女の子ママ。
子育てはスーパーポジティブ！
悩めるママを救います。

Hiro

管理栄養士。小学2年生の男の子ママ。
保育園勤務の経験を生かし、
子どもの“やる気スイッチ”を押す食べ方をアドバイス。

スタートする前に知っておきたい

離乳食に活躍する調理グッズ

裏ごしする、すりつぶすなど、離乳食ならではの調理に使える道具を紹介。必要なものを厳選してそろえましょう。

すり鉢・すりこ木

離乳食は少量なので、小さめの鉢がつぶしやすい

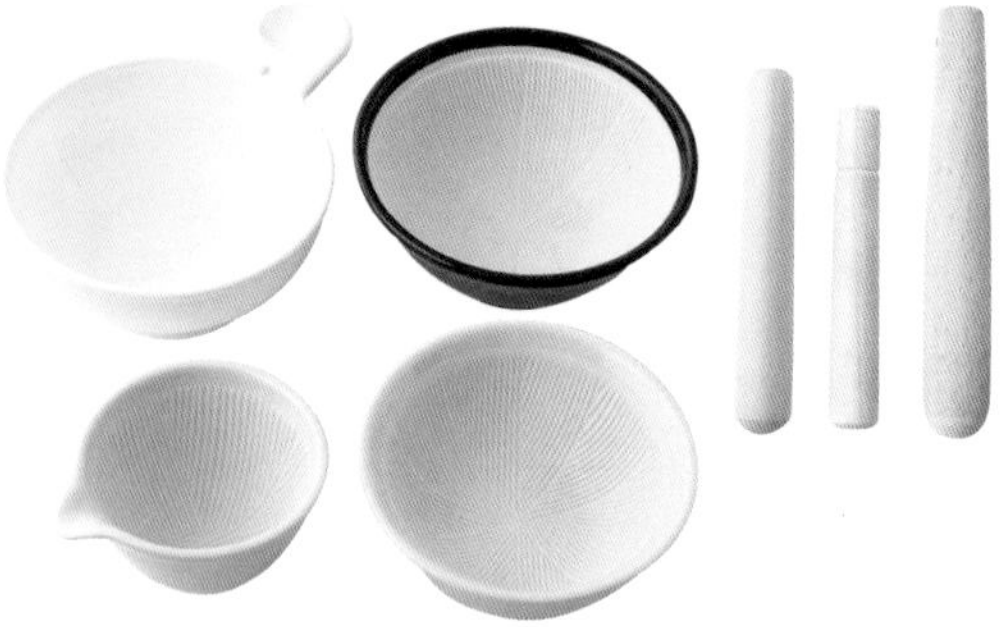

おかゆ、野菜、魚などを、最初はなめらかに、慣れてきたらあらく、調整しながらつぶせます。離乳食調理セットのものや、100円ショップのものなど、1つは用意しておきましょう。

ブレンダー

多めの量を一気になめらかにできるのでラクちん

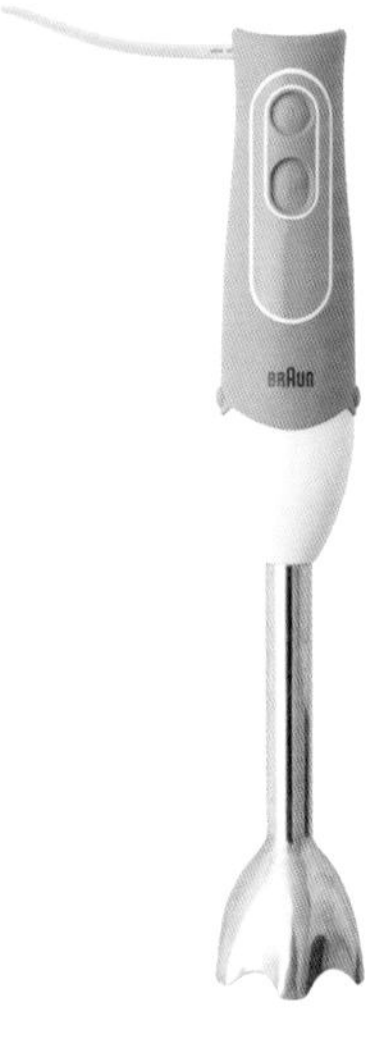

ほうれんそうなど、繊維の多い食材も簡単にとろとろ状にできます。ブレンダー、フードプロセッサー、ジューサー、ミキサーのどれか1つあればだいじょうぶ。

計量スプーン・計量カップ

計量スプーンがあれば、食材の目安量もはかれる

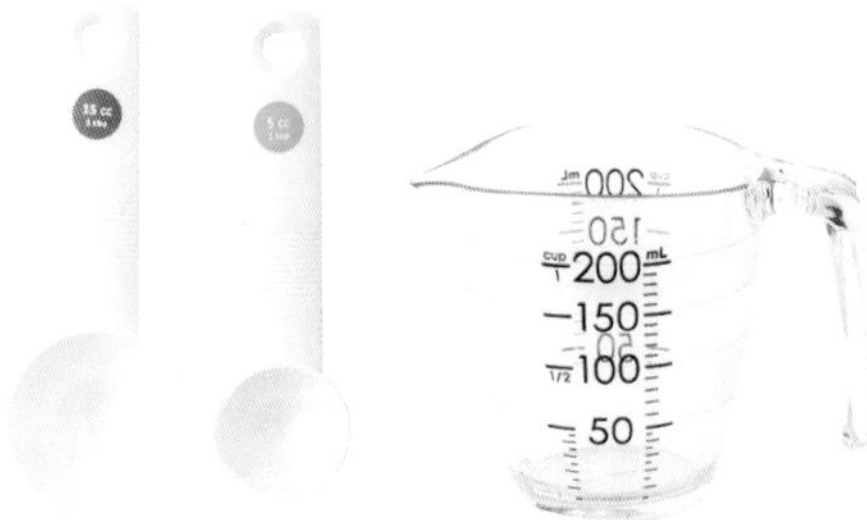

野菜ペースト、豆乳、ツナ水煮などが計量スプーン大さじで15g、小さじで5g程度。計量カップは1カップ＝200mℓが基本です。

裏ごし器

少しのつぶつぶもイヤがる離乳食スタート時期に

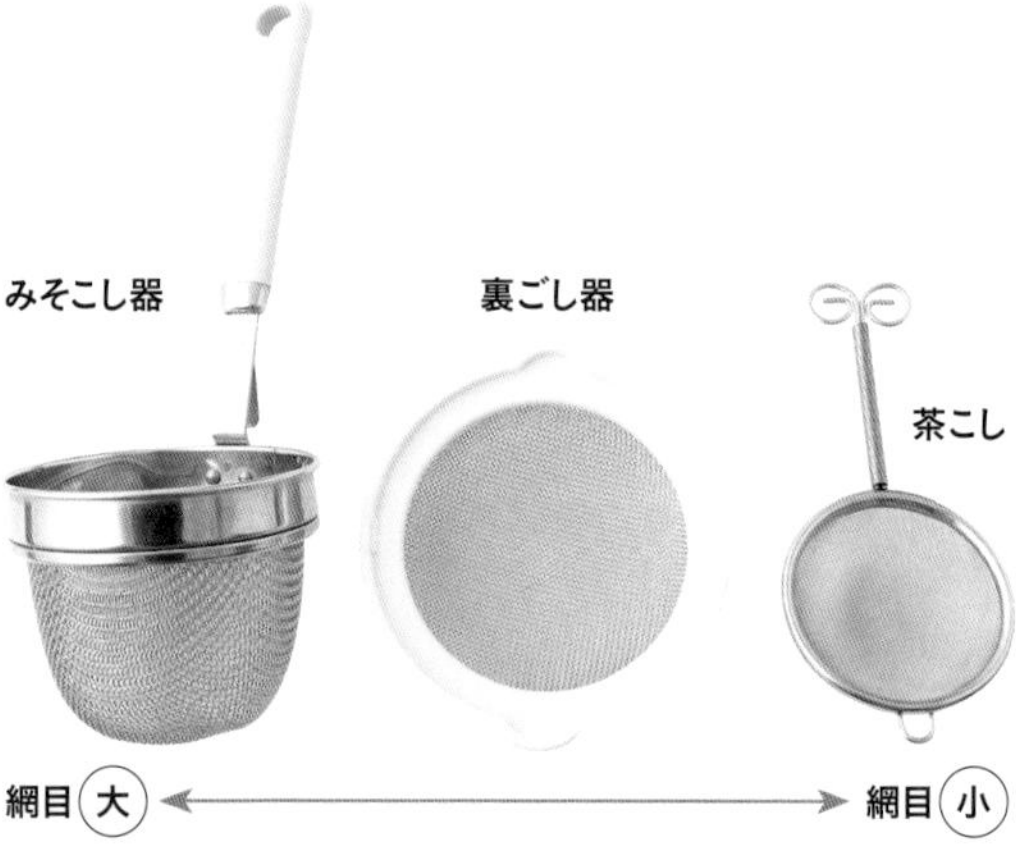

裏ごしすると、食材が均一になめらかに。網の裏側にくっつくので、スプーンでこそげとります。みそこし器や茶こしでも代用できますが、網目がこまかすぎると食材が通りにくくひと苦労。

食べるときに使うグッズ

スプーン

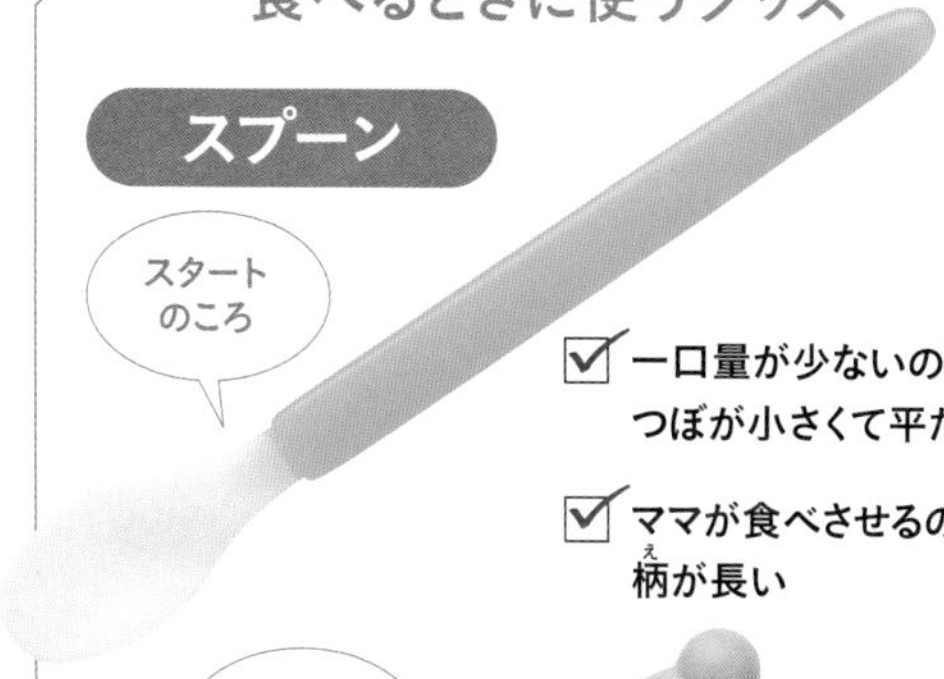

- 一口量が少ないのでつぼが小さくて平たい
- ママが食べさせるので柄《え》が長い

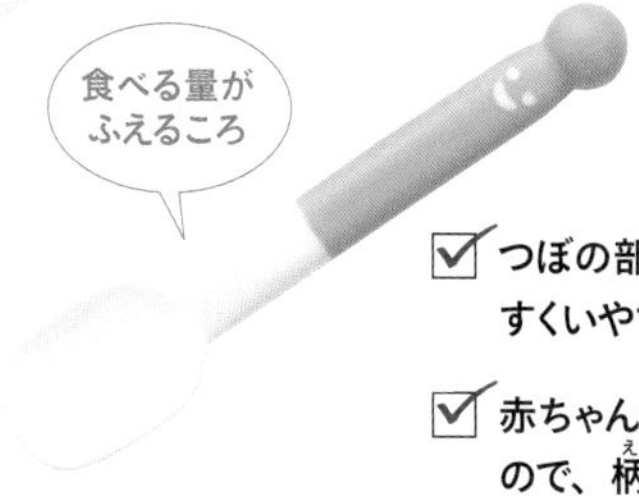

- つぼの部分が大きめですくいやすい
- 赤ちゃんが自分でにぎるので、柄《え》が短い

最初はつぼの部分が小さくて平たいものだと、赤ちゃんが唇で食材をとり込みやすいです。食べる量がふえたらつぼの大きいもの、自分で持つには柄の短いものを選んで。

小さな食器

家にある小さな食器でかまいません。好きな色やキャラクターなど、お気に入りを買いそろえると、離乳食タイムが楽しくなるかも。

食事エプロン

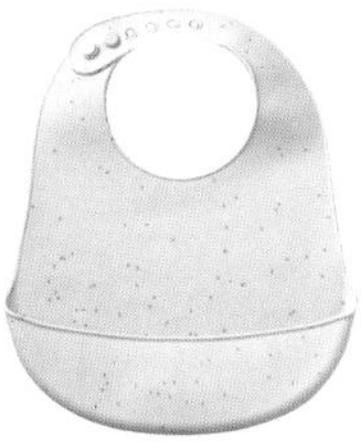

ビニール製やプラスチック製は、汚れてもすぐ水洗いできるので人気。ポケットつきだと食べこぼしをキャッチしてくれます。

おろし器

野菜をすりおろしておろし煮やパンケーキに

にんじんや大根をすりおろして、魚のおろし煮や煮込みうどんに入れたり、パンケーキや卵焼きにまぜたり。メニューの幅が広がります。

シリコンスチーマー

野菜、いも、魚などの電子レンジ蒸しに

小さめサイズがあると、少量の食材を電子レンジで加熱するときに役立ちます。水分を少し補って加熱するのが、しっとり仕上げるコツ。

マッシャー

かぼちゃやいもをギュッと押しつぶせる

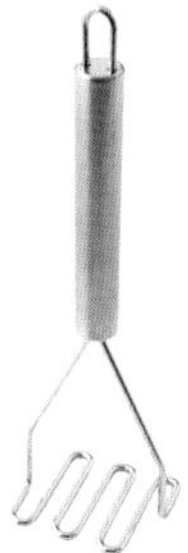

真上から力を入れて押しつぶせるので、フォークよりもつぶしやすい。ステンレス製が丈夫。大人用のポテトサラダなどを作るときにもラク。

キッチンばさみ ヌードルカッター

大人から分けた食材を小さく切るのに便利！

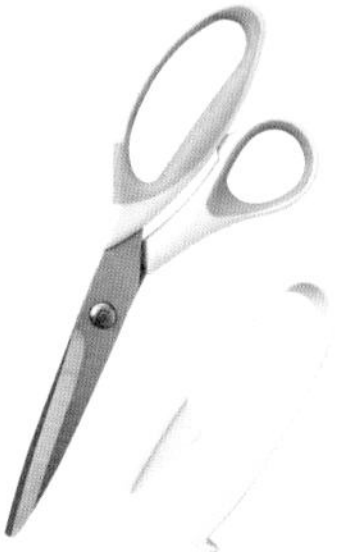

カミカミ期以降、大人から赤ちゃんに分けた食材を小さく切りたいときに。ケースつきのヌードルカッターは、お出かけ先で助かります。

必要最低限を準備して買い足していけばOK

離乳食を始めるとなると、「何をそろえればいいの？」と不安になるかもしれません。まずは、**すり鉢・すりこ木のセットと、離乳食用のスプーンが1本**あると安心です。最初のころはなめらかなとろとろ状に、ていねいに調理してあげましょう。スムーズにゴックンできると、離乳食が軌道に乗っていきます。

そのほかの道具は、家にあるもので間に合えば、購入しなくてもかまいません。

食器やスプーンは、食べる量がふえるにつれ大きさも変えていくので、成長に合わせて買い足すのがおすすめ。自分で食べるようになると、食器選びは「卓上で安定する」「深さがあってスプーンですくいやすい」「子どもが好きなキャラクター」などもポイントに。親子ともに使い勝手のよいものを選びましょう。

飲み込むのが精いっぱい！食べる量は気にしないで

ゴックン期

5〜6カ月ごろ

離乳食は1日1回

Check!

離乳食をスタートできる?

- 生後5〜6カ月になった
- 首がしっかりすわっている
- 寝返りができる
- 少しの間（5秒以上）おすわりができる
- 食べ物に興味を示す
- スプーンなどを口に入れても舌で押し出すことが少なくなる

発育発達には個人差があるので、離乳食の開始時期について不安なときは、かかりつけ医に相談しましょう。

口を閉じてゴックンと飲み込むだけ

赤ちゃんは口のまわりの筋肉が未発達で、舌は前後にしか動きません。とろとろ状の離乳食を上唇でとり込み、舌でのどの奥に送って飲み込むだけで精いっぱい。少しのザラつきやかたまりもイヤがり、吐き出すことも。

こんな形状

豆腐

絹ごし豆腐を湯通しし、なめらかにすりつぶす。

にんじん

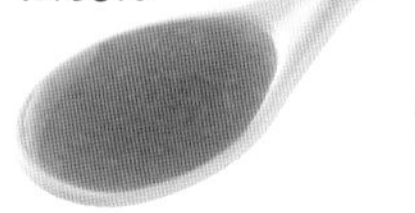

やわらかく加熱し、なめらかにすりつぶす。

おかゆ

米1：水10の割合で炊いた10倍がゆをすりつぶすか、裏ごしする。

とろとろの10倍がゆで離乳食デビュー

離乳食は**早くて生後5カ月すぐから、ゆっくりめな赤ちゃんも6カ月中には**始めましょう。

おっぱい・ミルクだけを飲んでいた赤ちゃんにとっては、食べ物をスプーンで口にとり込むことも、舌ざわりや味も、はじめての体験。最初はじょうずにできなくても、気にしないで！ 1カ月くらいは、**食べ物の味に慣れて、ゴックンと飲み込めるようになるのが目標**です。

離乳食のスタートは、10倍がゆ（10倍の水で炊いた米がゆ）から。ごく少量なので、炊飯器で大人のごはんといっしょに炊くのが簡単です。

赤ちゃんを少し後ろに傾けた姿勢でひざに抱くと、ゴックンしやすい。ラックなどを使っても。

First day

1日目は10倍がゆをすりつぶして赤ちゃんスプーン1〜3さじを与える

4 大人のごはんと赤ちゃんの10倍がゆが完成！

あとは、炊飯器のスイッチを押すだけ。大人のごはんと同時に、10倍がゆもでき上がり！

5 なめらかにすりつぶす

おもゆは残してもOK。様子を見てかたさを調節し、ゴックンしやすい少しとろみのあるポタージュ状に。

ごはんをすくってすり鉢に入れ、おもゆ（上澄み）をまぜながら、なめらかになるまですりつぶす。

Q 何時ごろ食べさせる？

●受診のできる時間帯に
●授乳時間の1回を離乳食に

はじめて食べさせる食材は、食物アレルギーの症状が出たときにも受診ができる時間帯が安心。授乳時間が一定でなければ、ママが時間を決めてかまいません。

少量の10倍がゆの作り方

材料（作りやすい分量）

米…5g（小さじ1）
水…50mℓ

1 米を茶こしで洗う

米を茶こしなどに入れてさっと洗い、水けをきる。

米の量が少ないので、茶こしが便利。

2 カップに入れて浸水させる

耐熱性のカップは、200mℓ程度入る、深めのものを用意。金属製は熱伝導がよいが、耐熱ガラス製やプラスチック製でもOK。米と水を入れて30分ほどおき、米に水を吸わせる。

3 炊飯器にセットする

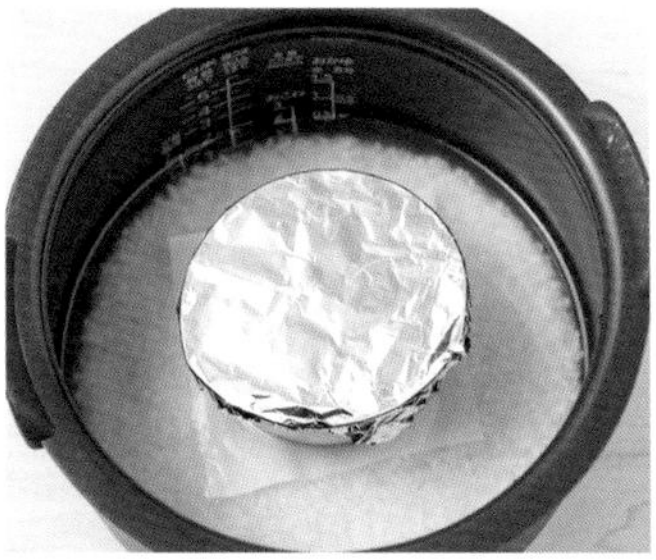

大人の米を洗って水かげんする。2のカップにアルミホイルをかぶせ、内がまの中央に置く。

カップの下にクッキングシートを敷いておくと、炊き上がりにごはんがくっつかない。

炊飯器でおかゆを炊く場合には、コースや炊飯時間など、取扱説明書をご確認ください。

Next 2weeks

ゆっくりペースでおかゆをふやしながら野菜や豆腐もプラスしていく

スタートのころの進め方

- おかゆの作り方はp.59
- 野菜・たんぱく質食材の選び方と調理はp.88〜92

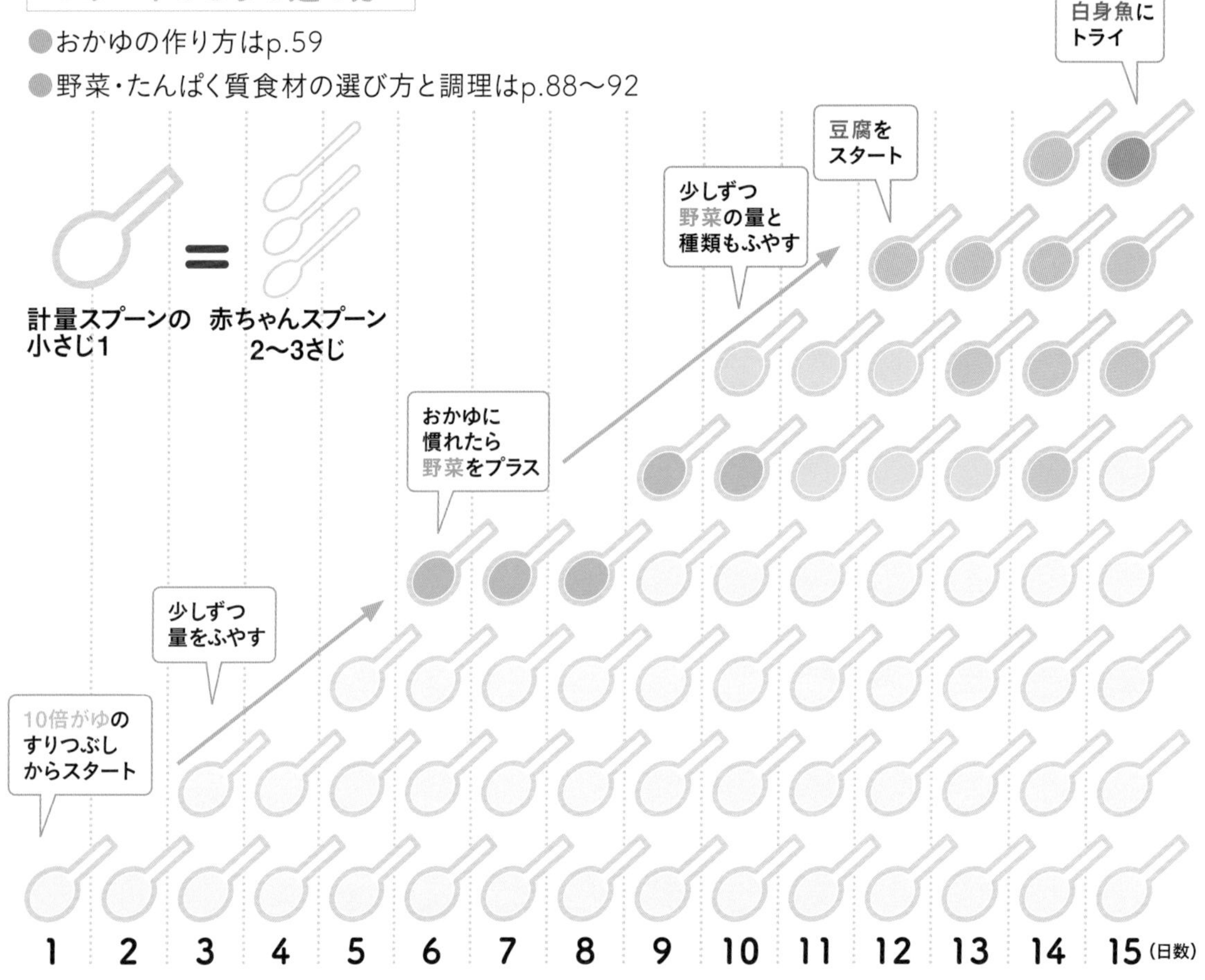

赤ちゃんに合わせて少しずつ、無理しない

離乳食開始は、1日目におかゆを小さじ1あげたら、2日目も同じ量にして、3日目になったら小さじ2にふやす、くらいのゆっくりペースで進めます。

おかゆに慣れたら、野菜を小さじ1からスタート。5〜6日かけて野菜にも慣れたら、豆腐や白身魚などのたんぱく質食材を小さじ1からスタートします。

新しい食材をあげる場合は、1さじから始めます。たとえば、にんじんに加えてほうれんそうも食べさせたいと思ったなら、すでに試したにんじんを数さじ、はじめて食べるほうれんそうを1さじと調節しましょう。

泣き出してしまったり、吐き出してしまったり、ハプニングもあると思います。**そんなときは「ごちそうさま」にして、翌日に仕切り直しを。**無理しなくてだいじょうぶです。

おかゆを食べる量がふえたら多めに炊く

炊飯器で炊く

おかゆモードで炊く

炊飯器に米と10倍の水を入れ、必ず「おかゆモード」で炊く。普通に炊飯すると、ふきこぼれるので注意して！

gokkun
モデル献立

1カ月くらいかけて 3品に慣れるのが目標

スタートから1カ月ほどで、おかゆ、野菜、たんぱく質食材の3品に慣れたら、2回食にしてもOK。少しずつ水分を減らし、マヨネーズのようなベタベタ状も試してみましょう。

味つけ

- 昆布だし
- かつおだし

調味料は使いません。大人のスープからゆる分けがおすすめ（p.88～）。

油脂の目安量（1回）

- 油小さじ0～1/4

6カ月以降から。バターやオリーブ油、米油などが使えます。

鍋で炊く

材料（作りやすい分量）

米…30g（大さじ2）
水…300mℓ

★ごはんから炊く場合は、ごはん30gと水150～200mℓにする。

1 鍋に入れて浸水させる

米は洗って水けをきり、小さな鍋（直径14～16cm程度）に入れ、水を加える。30分ほどおいて米に水を吸わせると、炊く時間を短縮できる。

2 強火で煮立たせ、弱火にする

最初は強火で熱し、煮立ったら弱火にする。ふきこぼれないよう、ふたをずらしてのせ、30分ほど炊く。

★ごはんの場合は、15～20分炊く。

3 火を止め、蒸らす

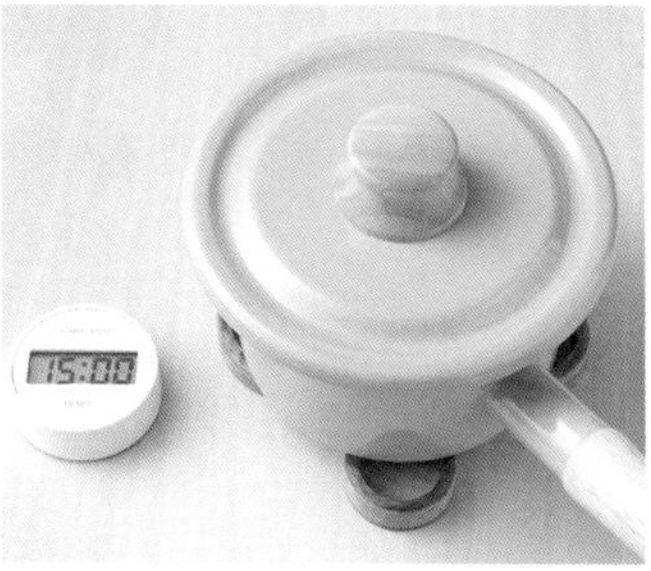

火を止め、ふたをして15分ほど蒸らす。時間があれば、そのまま冷めるまで蒸らすと、さらに余熱でふっくらやわらかくなる。

★ほかのおかゆも炊き方は同じ。7倍の水、5倍の水と減らしていく。

まとめて作るようになったら

フリージングと解凍の基本

多めに炊いたおかゆや、下ごしらえした食材は、冷凍すれば1週間ほど保存できます。

小分け冷凍の基本

フリーザーバッグで

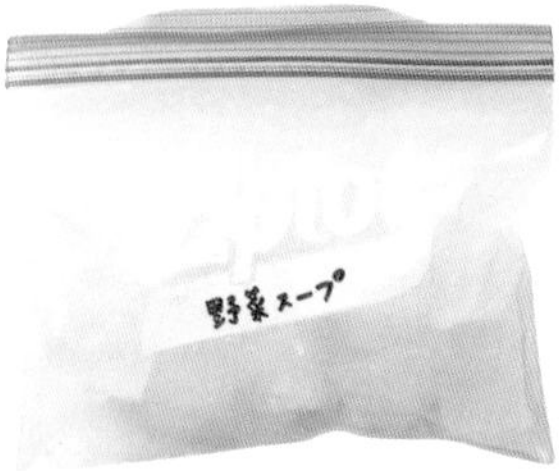

キューブ状に凍らせた食材を冷凍保存

フリージングトレーで凍らせた食材は、フリーザーバッグに移して保存がおすすめ。毎回のとり出しが簡単。

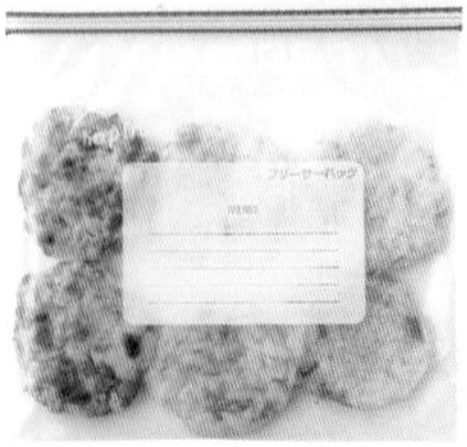

加熱した食材を冷凍保存

お焼きなどを直接フリーザーバッグに入れてもOK。好きな数だけとり出せます。

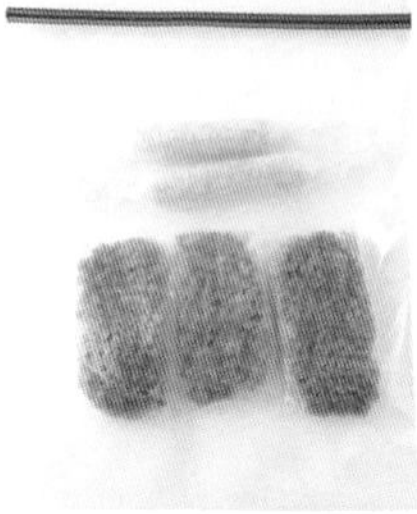

ラップで包んだ食材を冷凍保存

ラップは空気を通すので、さらにフリーザーバッグに入れると劣化を防げます。

密閉容器で

多めのおかゆや汁物を冷凍

1食分のおかゆの量がふえるころや、具だくさんスープを冷凍するときは、密閉容器が使いやすいです。容量180mℓ前後で、冷凍＆電子レンジOKのものを。

フリージングトレーで

おかゆを多めに炊いて冷凍

ゴックン期が順調に進んで、鍋や炊飯器で多めにおかゆを炊いたら、ブレンダーでかくはんするのがラク。一気にとろとろ状にできます。

1食分ずつフリージングトレーに小分けして冷凍。1ブロック15mℓ、25mℓ、50mℓなどがあるので、食べる量に合わせて選んで。

下ごしらえした野菜やスープを冷凍

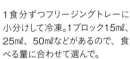

スープ

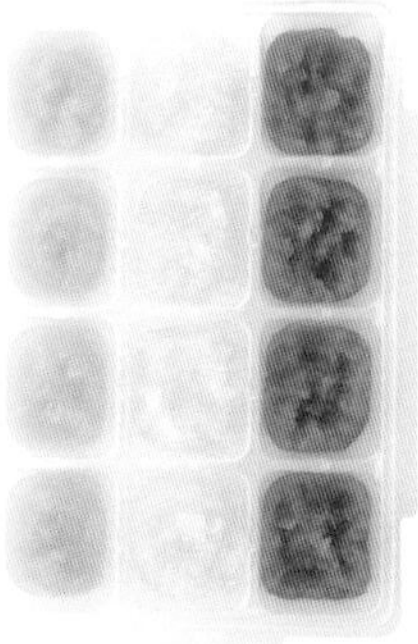

野菜

野菜スープや、スープの具の野菜も、冷凍しておくと便利 (p.88)。まぜないで単品で冷凍すると、好みに組み合わせて使えます。

電子レンジ解凍の基本

1 凍ったまま加熱する

自然解凍すると、かえって水っぽくなるため、凍ったまま解凍・加熱がおすすめ。電子レンジ（600W）で30g以下は30〜40秒、40〜50gは1分〜1分30秒くらいが加熱の目安です。

2 ねっとりした食材は水分を足す

食材は電子レンジで加熱すると、水分が蒸発してかたくなってしまいがちです。ねっとりしたおかゆや、かぼちゃ、いもは、水分を少し加えて加熱すると、しっとり仕上がります。

3 ラップはふんわりかける

出てきた蒸気を逃がさないために、ラップをかけて加熱しましょう。ふんわりさせて空気の通り道をつくると、ぴっちりくっついて真空状態になるのを防げます。

4 加熱後によくまぜる

電子レンジ加熱は、食材の内側から熱くなるので、外側が冷たいことも。全体をまぜて加熱ムラをなくします。冷たいところがあれば、再び熱々に加熱を。

5 ラップをしたまま蒸らす

加熱後は、人肌に冷ましてから食べさせます。ラップを表面にぴったりとつけて蒸らしながら冷ますと、水分が逃げず、やわらかい仕上がりに。

急ぐときは
保冷剤を
のせて

ラップの上に保冷剤をのせると、急冷できます。待てないときは、このワザで！

衛生管理に気をつけて1週間以内に食べきって

まとめて下ごしらえして冷凍しておけば、冷凍庫からさっと出して電子レンジでチンしてすぐ食べられるのが、フリージングのメリット。料理はできたてがおいしいとはいえ、冷凍ストックがあれば、忙しいときも時短調理ができて助かります。

冷凍すると冷蔵より長期保存できますが、保存状態が悪いと細菌がふえてしまうこともあるため、要注意！　味も落ちるので、赤ちゃんに食べさせるのは1週間以内を目安に。残ったら、大人がカレーやポタージュに入れて食べきりましょう。

加熱調理して冷凍しても、食べさせるときには、再度、加熱します。**「熱々になるまで」とは、全体が75度以上になるように加熱すること**。赤ちゃんは細菌に対する抵抗力が弱いため、よく加熱すると安心です。

ある！ある！

ゴックン期
お悩み劇場

「手作りのおかゆでがんばる！」って、始める前は意気込んでいたのに、赤ちゃんはべろべろするか、ダ〜ッとこぼすだけ。想像していたのと違う……。

なんで？ベビーフードだと食べるのに（汗）

絶対に手作り！と思っていたのに、食べないからベビーフードを試してみたら、食べた……。心が折れそう。なんで、ベビーフードだとよく食べるの？

えーーーっ！よだれといっしょに出たんですけど!!

つぶつぶが残らないように、ていねいにすりつぶした10倍がゆ。そ〜っと口に入れて、ゆっくりスプーンを引き抜いたら、よだれといっしょにベーッ！これで「食べた」といえる？

ちーーん！始めて3日目で完全拒否!?

5カ月ちょうどから離乳食を始めたけど、スプーンを舌で押し出してしまう。3日目には、ついに口をあけなくなった。

はぁ（涙）スプーンを奪われて本日は終了！

スプーンを奪われるとは予想外。意外ににぎる力が強くて、返してくれない。無理やりとろうとしたら泣き出し、終了。疲れました。

大人は余裕で Don't be nervous!

Momo×Hiro リアルトーク

ママはしかめっ面に要注意！肩の力を抜いて、笑顔ですよ!!

ママが真剣な顔つきで、ふるえる手で「はい、どうぞ」とさし出していませんか？ 赤ちゃんも「どうした？」と思っているのでは（笑）。

赤ちゃんは乳首を吸うのはプロでも、スプーンで食べるのは素人なんです。それに5カ月ごろは哺乳反射が残っていて、固形物を口に入れると反射的に押し出すこともあるんですよ。

スプーンを舌で押し出すのは、口の奥に入れすぎかもしれません。スプーンは下唇にのせて、上唇で離乳食をとり込んでから引き抜くのがポイントです。

もし5カ月ちょうどで始めてイヤがるなら、無理せず1週間ほど休んで、再チャレンジしてもいいんです。仕切り直しで問題なし！

それから、ベビーフードのほうがよく食べるのは、少しのザラつきも苦手なのかも。味よりも形状がイヤという場合が多いです。

裏ごしして、さらにすりつぶして、ダブルの手間をかけるとなめらかさがアップしますよ。おかゆにミルクを少し加えて、慣れている甘めの味にすると食べてくれることもあります。

離乳食はトライ&エラーでやっていくしかないんですよね。赤ちゃんの意外な反応をおもしろがって、大人は笑顔でいましょう♪

私も、息子のうんちにほうれんそうが出てきたときには、緑色でびっくり（笑）。赤ちゃんは消化吸収能力も未熟ですが、だんだん慣れていくからだいじょうぶ。

甘めの味が食欲アップのコツ

えぐみがあるほうれんそうをバナナ味に

大人には不思議な組み合わせでも、赤ちゃんに人気。バナナとあえると甘みがぐっと増し、ほうれんそうのえぐみを感じません。

モソモソする魚をミルク味に

白身魚をあまり食べてくれないときは、湯でといた粉ミルクでのばしてみて。甘みで食べやすくなり、パサつきもカバーしてくれます。

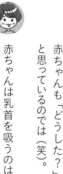

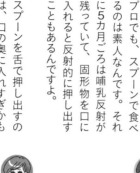

モグモグ期

7～8カ月ごろ

離乳食は1日2回

舌と上あごでつぶして味わって食べるように

Check!

モグモグ期にステップアップできる？

- ☑ 水分を減らしたベタベタ状の離乳食を、口をモゴモゴ動かして食べている
- ☑ 主食とおかずを合わせて1回に子ども茶わん半分以上食べる
- ☑ 1日1回または2回の離乳食を喜んで食べる

6カ月で始めた赤ちゃんも、早めのペースで慣らしていき、7カ月にはモグモグ期へ移行しましょう。

舌が前後と上下にも動く

赤ちゃんは舌を前後だけでなく、上下にも動かせるように。やわらかなかたまりを舌で上あごに押しつけてつぶし、だ液とまぜて味わって食べます。しっかりモグモグすると、左右の口角が同時に伸び縮みするのがわかります。

こんな形状

豆腐

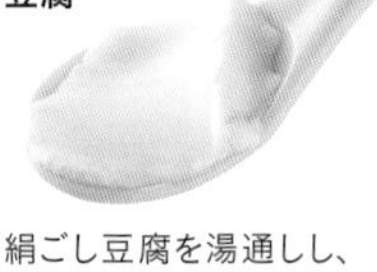

絹ごし豆腐を湯通しし、スプーンでそぎとるか、つぶす。

にんじん

やわらかく加熱し、こまかくつぶす。または、こまかく刻む。

おかゆ

米1：水7、または米1：水5の割合で炊いたおかゆをそのまま。

舌でラクにつぶせる絹ごし豆腐から練習を

離乳食を始めて1～2カ月たつと、唇を閉じて飲み込むことができるようになっているはず。そうしたら、**力を入れなくてもつぶせる、絹ごし豆腐のやわらかさでモグモグの練習**をします。様子を見て少しずつ水分を減らし、やわらかく煮た野菜のみじん切りや、いものマッシュなどもとり入れていきます。

モグモグするには、足に力を入れて踏ん張れる姿勢が大事。足が床や台につくように、食事いすは高さを調節してください。

また、**まぐろなど赤身の魚や、鮭、鶏ささ身、ヨーグルトなど、食べられるたんぱく質食材のバリエーションがふえる**ので、いろいろなメニューにチャレンジ！新しい味をイヤがることもありますが、くり返し経験すると慣れていくので、あきらめずにときどき出し続けましょう。

mogumogu
モデル献立

1回の食事に3つの栄養源が入るようにする

モグモグ期からは、栄養バランスを意識しましょう。2回食にそれぞれ、主食、野菜や果物、たんぱく質食材をそろえます。すべて合わせて、栄養満点の「おじや」にしてもかまいません。

味つけ

- 昆布だし
- かつおだし
- しょうゆ 1～2滴
- 砂糖、塩、みそ ごく少々

食材やだしのうまみを中心に。調味料は使うとしてもごく少々。

油脂の目安量（1回）

- 油小さじ1/2

バターやオリーブ油、米油などが使えます。

食べる意欲・かむ力を育てていこう！

ゆっくり食べさせることを、心がけて。数秒間モグモグして飲み込むのを待ち、口の中がからっぽになってから、次の1さじを運ぶようにします。

自分から
前のめりで
食べる
数秒間
モグモグして
飲み込む

Q 何時ごろ食べさせる？

- **授乳時間の2回を離乳食に**
- **はじめて食べさせる食材は受診のできる時間帯に**

午前10時と午後6時など、食事の間隔は4時間以上あけて、2回食のリズムを定着させます。はじめての食材は1さじにとどめます。食後の母乳・ミルクは欲しがるだけ与えてOK。

ある！ある！

モグモグ期 お悩み劇場

とろとろをゴックンするのに慣れたら、次なるミッションはステップアップ。かたさを少し変えただけでペッと出したり、まる飲みしたり。モグモグできるかたさにするのがやっかい！

もしかして？ かまずに まる飲みしてない！？

かたくしたらペッと出されたので、ついやわらかくしちゃう。おかゆも10倍がゆのまま。勢いよく食べているけど、モグモグしてないかも。これって、まる飲み!?

早く！ 早く!! 早くーーーーーー!!!

離乳食タイムって、外出時間と重なりがちで困る。うちの子、マイペースすぎ！ 食べるのに時間かかりすぎ！ おむつ替えもして、自分の支度もして、絶対に間に合わないでしょ。

えっ？ なんで吐き出す!?

鉄をとらせたいから、まぐろの刺し身をゆでてほぐしてあげたのに、食感の違いを察知してペッ！ 赤身の魚を食べてほしいのに。

食べる気ないの？ あーんして！ あーーん!!

せっかく作っても、10口でも食べればいいほう。友だちの子がよく食べるのを見ると、うちの子はなんで？と悲しくなっちゃう。

ほかの子と違ってもDon't mind!

Momo×Hiro リアルトーク

個性は無限大！いろいろな作戦をくり出せばヒットがあるかも

うちの子はやわらかいものが好き、というママは多い。でも、かむための口の動かし方は、経験を積まないと習得できないんです。

やわらかすぎてもまる飲みするし、急にかたくしても吐き出しちゃいますよね。たとえば、おかゆだけ少しかたくする、逆におかゆはいつものやわらかさのまま野菜の刻み方を大きくするなど、1品だけかたさを増して様子を見ては？

繊維のある青菜やキャベツ、パサつきやすい肉や魚は、〝とろみ〟をつけるとのどごしがよくなって、ぐんと食べやすくなりますよ！

かたくり粉でとろみがつけられるし、加熱不要のベビーフード「とろみのもと」もラク。モグモグ期はとろみ作戦、有効です♪

断固拒否する食材も出てくるけれど、「食べなさい」という親のプレッシャーは与えないほうがいいです。

保育園の偏食対策は〝スモールステップ法〟。まずはイヤという気持ちを「そっか、イヤだよね」と受け止めて、「ちょっとだけ食べてみない？」と提案します。米粒くらいの〝ちょっぴり〟からでいいんです！

食欲アップには「わぁ、おいしそう♪」「いいにおい♡」など、赤ちゃんの五感を刺激してあげることもポイントです。食べっぷりが違います。

におい、温度、おなかがすく時間帯、雰囲気などが、食欲にはたいせつ。赤ちゃんは大人が思う以上に敏感に、いろいろなことを感じているんですよね。

"とろみ"をつけると、飲み込みがスムーズに

水大さじ2と
かたくり粉小さじ1/2を
合わせる
水分はだしやスープでも。

よくまぜてから
電子レンジ（600W）で
15秒加熱する

よくまぜてから
さらに15秒加熱して
よくまぜる

とろみで具がまとまる！

あんかけがゆ(p.97)

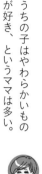

カミカミ期

9～11カ月ごろ

離乳食は1日3回

舌で左右に寄せて
歯ぐきでかんで食べる

Check!

カミカミ期にステップアップできる？

- ☑ 豆腐くらいの
やわらかなかたまりを、
口を動かして食べる
- ☑ 主食とおかずを合わせて
1食に子ども茶わん
軽く1杯くらいを食べる
- ☑ バナナの薄切りを
食べさせると
歯ぐきでつぶせる

小食の赤ちゃんも、9カ月になったら
1日3回食にしましょう。

舌が前後上下と左右にも動く

口のまわりの筋肉が発達し、舌でつぶせない食べ物は、左右に寄せて歯ぐきで押しつぶして食べるように。つぶす力は弱いけど、大人とほぼ同じかみ方に成長！ 片方のほおがふくらんで、唇がよじれるように動きます。

こんな形状

豆腐

木綿豆腐を湯通しし、5～7㎜角に切る。

にんじん

親指と人さし指でつぶせるかたさに加熱し、5㎜角程度に切る。

おかゆ

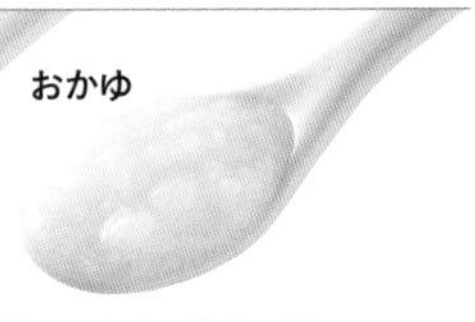

米1：水5の割合で炊いたおかゆをそのまま。

ママが困る〝遊び食べ〟で赤ちゃんは学習中！

9カ月になったら、よく食べる子も小食の子も、みんな3回食へ。栄養のメインを授乳から離乳食にしていきます。

この時期のかたさのお手本は、指でぐにゅっとつぶせるバナナ。やわらかすぎるとラクに舌でつぶれ、かたすぎると歯ぐきでつぶせないため、いずれもカミカミの練習になりません。左右どちらかのほおと唇が動いて、しっかりかんでいるか確認してみて。

いろいろな形の食材を食べることがかむ力を育てます。あらみじん切り、コロコロ状、薄切り、マッシュなど、形状のバリエーションもふやしていきます。

手指が発達するので、手で食べ物をさわったり、落としたり、**「遊び食べ」も盛んに。**これは、**ひとりで食べられるようになるための大事な学習！** ある程度は自由にやらせてあげましょう。

kamikami
モデル献立

鮭とひじきの
炊き込みごはん
高野豆腐と野菜の
かつおだし煮

大人と同じメニューをとり入れていく

カミカミ期ごろには、大人とほぼ同じ食材が食べられるように。みそ汁や炊き込みごはんなど、大人の料理からとり分けると、親子で同じメニューが食べられて、食事作りもラクになります。

味つけ

- 昆布だし
- かつおだし
- しょうゆ 1～2滴
- 砂糖、塩、みそ ごく少々

食材やだしのうまみを中心に。調味料は使うとしてもごく少々。

油脂の目安量（1回）

- 油小さじ3/4

バターやオリーブ油、米油などが使えます。

食べる意欲・かむ力を育てていこう！

食べ物をほおばってオエッとなったり、手も口に入ったりしますが、これはごく自然な動き。成功も失敗も体験しながら、手づかみ食べが上達していきます。

最初は
手も口に
入ったり
まる飲みしない
かたさで
かむ練習！

Q 何時ごろ食べさせる？

- **3回食になったら大人と同じ食事時間に合わせていく**
- **はじめて食べさせる食材は受診のできる時間帯に**

3回目の食事は、慣れるまでは量が少なめでもかまいません。少しずつ大人の食事時間に合わせて、生活リズムをととのえます。家族と食卓を囲むのは、赤ちゃんにとっても楽しい時間に！

ある！ある！

カミカミ期 お悩み劇場

ぐちゃぐちゃにされるし、集中力はもたないし、食べる・食べないも気まぐれだし……。3回食になって離乳食のレパートリーも尽き果て、ママのたいへんが最高潮に。

もーーっ(怒) 遊ぶならごちそうさまね

10分もじっとしていない！ 手で食べ物をつぶす、床に落とす、食器をぶん投げる。いいかげん、うんざり。強制終了しちゃっていいですか？

はぁ？ 手でつかんでも遊ぶだけかーいっ

早く自分で食べるようになってほしいのに、手でつかんでも遊ぶだけ。口に運ぶ気配なし。うちの子、だいじょうぶ？

よくかんで！ はい、カミカミ!!

一度にたくさん口に突っ込んだら、オエッとなるに決まっているのに。どうしたらよくかんで食べてくれるの？ カミカミして！ カミ、カミ、カミ！

中だるみ？ せっかく作ったのに食べてよーーー(泣)

やわらかいどろどろはよく食べていたのに、固形にしたら停滞ぎみ。ステップアップしなきゃって、あせる。

手抜きもあと戻りも It's all right!

Momo × Hiro リアルトーク

一生食べ散らかす人はいない! 今は笑いのネタ、豊作期です(笑)

うちも下の娘はおてんばで、洗濯機が故障中に洋服をケチャップまみれにするなど、ネタが尽きません。笑い話にする!と写メを撮っては、白目日記をインスタグラムにつづっています(笑)。

「手づかみしたい」というのは意欲なので、尊重してあげたい。つかまない子に、つかませるほうがたいへん! 汚されてもすぐ掃除できるように、対策しましょう。

汚れがストレスになるなら、手づかみしても親が許せる食べ物を出す? おかゆやうどんではなく、バナナ、お焼き、豆腐ハンバーグなど。

遊ぶ場所と食べる場所を分け、食事の「集中スイッチ」を入れることも大事。食事エプロンを着ける、「いただきます」の歌で気分を切り替えるなども効果的♪

この時期は、どろどろ状がいい子、固形のほうがいい子など、個人差ってすごくあるから、「次のステップ」とあせることはないです。固形をイヤがるなら、少し前に戻してみて!

下の娘は固形物が食べたくて、どろどろ状を食べなくなって。食感のあるものを足したら、急に食べ始めたパターンでした。

そうそう、それもある。かたさ・大きさは目安でしかないし、順調でも途中で進まないこと、突然食べなくなることはよくあります。

かむこと、飲むことは口の筋肉の発達によるので、子どものかむ力って数日でも変わります。だから、今の状態に合わせて進めてあげることがたいせつですね。

機嫌よく食べられるコンディションが大事

食事前にひと呼吸。赤ちゃんのコンディションや、周囲の環境をととのえましょう。

食べる前に Check!

- ☑ おむつがぬれているなど不快なことがない
- ☑ おなかがすく時間に設定する(食欲は大事)
- ☑ 遊びと食事のスペースは分ける(気が散らない)
- ☑ 食事いすの高さを調節(足をついて踏ん張れる)
- ☑ 床にシートを敷く(汚れ対策)

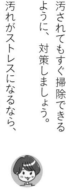

パクパク期

1才〜1才6カ月ごろ

離乳食は1日3回
＋おやつ1〜2回

前歯でかじりとって一口量を覚えていく

Check!

パクパク期にステップアップできる？

- ☑ 朝昼晩の3食をしっかり食べている
- ☑ 肉だんごくらいのかたさのものを、歯ぐきでつぶして食べられる
- ☑ 自分で手づかみして食べている

ミルクを哺乳びんではなく、コップで飲むことも練習していきます。

舌は自由自在で、かみ方を調節する

口の動きが安定し、舌を自由自在に動かせるようになりますが、かむ力は不じゅうぶん。ふわふわ、もちもち、カリカリなど、いろいろな食感を体験することで、食べ物の形態に合わせてかみ方を調整する力が身につきます。

こんな形状

豆腐

木綿豆腐を湯通しし、1㎝角に切る。

にんじん

親指と人さし指でつぶせるかたさに加熱し、1㎝角程度に切る。

ごはん

米1：水2〜3の割合で炊いた軟飯。慣れたら、普通のごはんに。

奥歯が生えそろうまでやわらかめに調理を

朝昼晩の1日3回食が定着して、決まった時間に食べるリズムがととのってきたでしょうか。朝ごはんをしっかり食べたら、午前中から元気に活動して、夜はぐっすり眠る。早寝早起きの習慣ができると理想的です。

3才ごろに奥歯が生えそろうまでは、かみつぶす力はまだ強くありません。**かたさの目安は、スプーンで押すとつぶれる肉だんごくらい**。平べったい肉だんごや、大きめにカットしたゆで野菜で、前歯で一口量をかじりとって食べる練習もしていきます。

栄養の8割程度を離乳食からとるようになるので、食後のおっぱい・ミルクはあまり飲まなくなってOK。**ミルクの目安量は1日300〜400㎖**。哺乳びんはそろそろ卒業して、**食後やおやつのときに、コップで飲むことに慣れて**いきましょう。

pakupaku モデル献立

親子ともに不足しがちな栄養をフォロー

煮物、いため物のほか、揚げ物も食べられるようになり、大人と同じ献立にしやすくなります。赤身の肉や魚、卵、高野豆腐、ひじきなど、鉄&カルシウムのとれる食材を親子でシェアしましょう。

味つけ

- 昆布だし
- かつおだし
- 大人の1/2〜1/3の濃さにする

幼児食になっても薄味をキープする。

油脂の目安量（1回）

- 油小さじ1

バターやオリーブ油、米油などが使えます。

食べる意欲・かむ力を育てていこう！

1才代は手づかみ中心で。手づかみ食べをたっぷり経験することで、手と口の位置関係を学び、スプーンもスムーズに使えるようになります。

いろいろな
食べ物を
手づかみ
させる
スプーンは
無理せず、
手づかみ中心！

Q 何時ごろ食べさせる？

- **大人といっしょに朝昼晩のリズムを守る**
- **はじめて食べさせる食材は受診のできる時間帯に**

1日3食＋おやつ1〜2回を定着させ、決まった時間に食事を。朝食7〜8時、昼食12時ごろ、夕食18〜19時を目安にすると◎。パパの帰りが遅い場合は、先に夕食にしましょう。

ある！ある！

パクパク期 お悩み劇場

急に立ち上がったり、歩き出したり、「座って食べてくれない」と嘆くママが多数。子どもにしかっても自己嫌悪に……。親が笑顔でいるためには、イライラしない対策も必要！

ねえ！座って食べて(怒)

食事に飽きてくると、いすの上に立ったり、テーブルに乗ろうとしたり。落下しそうで危ないから、いすから出すと、部屋の中をウロウロ歩き回る！

もう片づけていいかしら？

いすに数分（数秒かも）しか座らず、ごはんへの集中力ゼロ。たくさん残っていても、遊び始めたら片づけていい？

どうして？好き嫌いがハンパない!!

野菜が大嫌いで、食事に出すと投げ捨てる！ 機嫌が悪いとイヤイヤがはげしくて、野菜単品では絶対に食べない。

毎食、毎食、疲れちゃった

きれい好きなので、ぐちゃぐちゃ期はつらい……。「今だけ」と自分に言い聞かせるしかない。子どもに食べさせるのに必死で、自分は座って食べる余裕さえないけど！

苦手なものも Never give up!

Momo × Hiro リアルトーク

おべんとうを持って外に出るとか!「うれしい」「楽しい」が食べる秘訣

自分よりじょうずな人のまねをして体得するのが〝モデリング効果〟。保育園に通っていると勝手にモデリングするけど、家でワンオペだとお手本がいない……。

ママがあげる係なら、パパがいるときは目の前に座ってもらって! 指でつまんで口に入れる、口を動かしてカミカミ、うどんをちゅるっと吸う、いろいろな食べ方を見せてほしいです。

声かけをたくさんして、食べるところを見せて、どんどんまねっこさせましょう。夫にも「真顔で黙って食べるのはやめろ~」と言っています。

大人と同じテーブルにしたら座るようになったという話も聞きますね。ウロウロ対策も、家族で食べるのがいちばん効果的かも!?

吐いちゃったり下痢をしたり、イヤな思いをした食べ物を嫌いになることがあるのですが、その逆も。

うれしい、楽しい記憶と結びつくと、嫌いなものも好きになる! BBQや公園でピクニック、家のベランダでシートを敷くとか。おべんとう箱に詰めるだけで、特別感があるんです。

あれ、あんなに嫌いだったピーマンを食べちゃった! とかね(笑)。買い物にいっしょに行く、ママの手伝いをしたらほめられた! なんていう経験も大事。

フルーツ狩り、野菜の収穫体験、釣りスポットに行く、食べ物の絵本やおままごともおすすめ! 楽しいシチュエーションを演出してあげましょう。

ひき肉の次は、かたまりの肉にトライ

1才代の肉は、「ひき肉ばっかり」からステップアップ。肉だんごの「やわらかめ・大きめ」を試したら、次に鶏肉の「かため・小さめ」→「かため・大きめ」へ。

肉だんご 小さめ → 肉だんご 大きめ → 鶏肉 小さめ → 鶏肉 大きめ

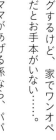

家族みんなで楽しく！おいしく！

Momoさんちの離乳食

「うちの食卓は“おいしくて楽しい”が鉄則！」と言う細川モモさん。
忙しい中でも、工夫がいっぱいの家族ごはんを公開してもらいました！

ママが食事を作って パパが食べさせる役割分担

カレーライスに麦茶をジャー！など、“科学の実験”が好きな娘。主にフィーディング担当の夫は、「オレは超いい子だったのに」と嘆いています（笑）。私もいい子だったけど!?

妹に食べさせてくれる お姉ちゃんは頼もしい戦力

思えば……、1人目のときの食事は優雅でした。2人育児になると、写真を撮る余裕もありません。食いしん坊で待ったなしの妹に、3才上のお姉ちゃんが食べさせてくれます。

親子で気分がアガる！ ル・クルーゼの食器

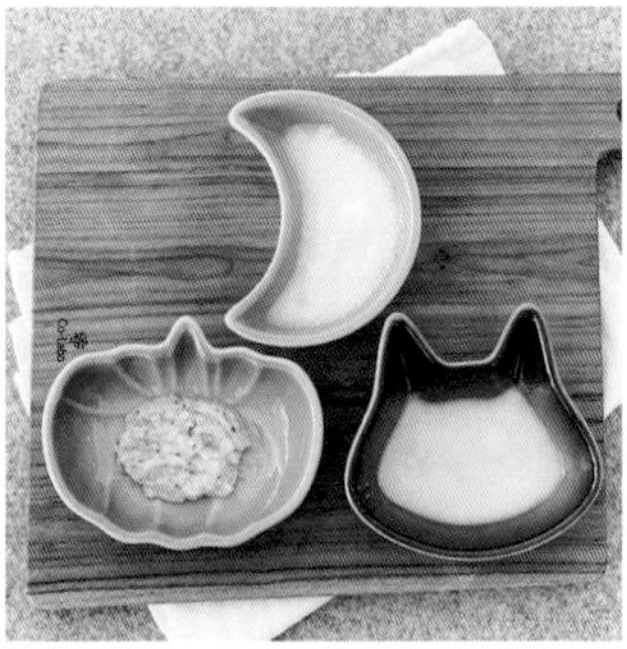

視力が発達途上の赤ちゃんの興味をひくように、また、会話がはずむように、カラフルで形もさまざまなル・クルーゼの器を集めています。年々ふえて、食卓を楽しく演出♪

同じメニューがいいね♡ 親子おそろいのおべんとう

お姉ちゃんとパパで、おべんとうを持っていった日。緑黄色野菜たっぷりのキーマカレー、高野豆腐、だし巻き卵、きゅうりとツナのあえ物など。パパにはしらす干しと一口カツを追加。

大人と同じメニューを ひたすら薄味に

一から子どものためだけに作ったのは、とろとろ状の離乳食初期くらい。あとは大人からとり分けて、サイズと味を変えています。この日は肉豆腐。幼児食になっても薄味はキープ。

WECKの保存容器に 離乳食をストック

離乳食を多めに作ったときは、WECKの保存容器にストック。真空で保存できて、鍋であたためればすぐ食べられるので、忙しい朝に助かりました。常温で旅行にも持っていけます！

Part

3

何を、どんなふうに食べさせる？

離乳食ゆる分け レシピ

赤ちゃんの食事を特別扱いせず、家族で同じものを食べたい！
1回分の目安量や、大人ごはんと同時に作る調理のコツを
参考に、ゆる〜くとり分けましょう。
栄養リッチな作りおきや1才からのおやつレシピも♪

うまみたっぷりの保育園給食がお手本！

ゆる分け離乳食

アレンジがしやすい スープやだし煮から、親子で同じものを食べる

離乳食は「大人の料理とは別に作るもの」と思っていませんか？ ごく少量をすりつぶしたり、裏ごししたり……なんてたいへんなの！と、最初はとまどうかもしれません。

少量しか食べない離乳食を、食事のたびに作るのは効率が悪いし、赤ちゃんも待てないから、週末にたくさん作ってフリージングしておく……それもOK。

ただ、そのときに**心配なのは「大人はちゃんと食べている？」ということ。**

1章で解説したように、ママにも鉄やカルシウムなどの重要な栄養素が足りていません。**栄養価の高い食材をママ・パパにも食べてほしい。**だからこの本では、**大人から赤ちゃんへ「ゆる分け」を提案します！**

まずは野菜スープやだし煮から始めましょう。鍋でいろいろな具を煮たら、うまみも浸透します。それを赤ちゃんにはペーストにしたり、おかゆとまぜたり。大人にはみそ汁、寄せ鍋、パスタなどにアレンジ自在です♪

3回食になるころには、薄味・やわらかめにすれば大人とほぼ同じメニューが食べられるようになるので、ゆる分けレパートリーもどんどんふやせます。**親子いっしょの食卓で、栄養をしっかりとって、おいしくて楽しい時間を共有して**いきましょう。

おいしい楽しい食卓に
赤ちゃんも仲間入り

大人の分も
いっしょに作って
赤ちゃんに分ける

離乳食で使える
食材を買う

ゆる分け

1 昆布だし野菜スープを作る

ゴックン期からずっとおいしい、保育園でもベースにしているスープ。野菜のおいしさがぐっと引き立ちます。

材料（作りやすい分量）

野菜400g
100g×4種など。

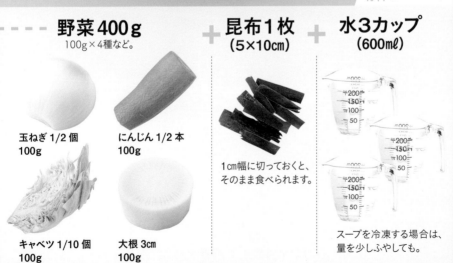

玉ねぎ 1/2 個
100g

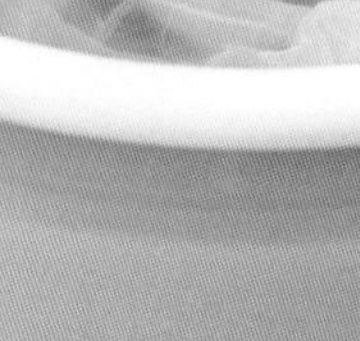

にんじん 1/2 本
100g

キャベツ 1/10 個
100g

大根 3㎝
100g

＋

昆布1枚
（5×10㎝）

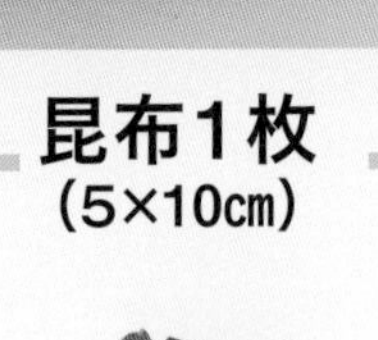

1㎝幅に切っておくと、
そのまま食べられます。

＋

水3カップ
（600㎖）

スープを冷凍する場合は、
量を少しふやしても。

1 材料を切る

玉ねぎは1㎝厚さのくし形切り、大根・にんじんは7〜8㎜厚さの一口大に、キャベツは一口大に切る。
切らずに大きいままやわらかく煮て、あとから好みの形状にしても。味がまろやかになります。

2 煮立ったら20〜30分煮る

鍋に野菜、昆布、水を入れ、ふたをして中火にかける。煮立ったら、弱火にして20〜30分煮る（水分が減ったら、水を足す）。
赤ちゃんが食べやすいかたさになっているか確認しましょう。

なんで昆布だしなの？

うまみが上品で素材の味を引き出してくれるから

昆布には、うまみのもと・グルタミン酸が豊富。かつおだしほどうまみが強くないので、離乳食のスタートにぴったり。ただし昆布はヨウ素が多いので、昆布だし野菜スープは週1回にしましょう。

かたさ Check!

ゴックン期｜モグモグ期

親指＋小指でつぶせる

力を入れにくい親指＋小指でつぶせるのが、舌でつぶせるやわらかさ。

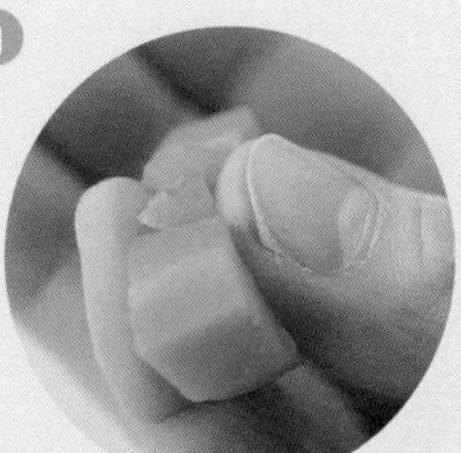

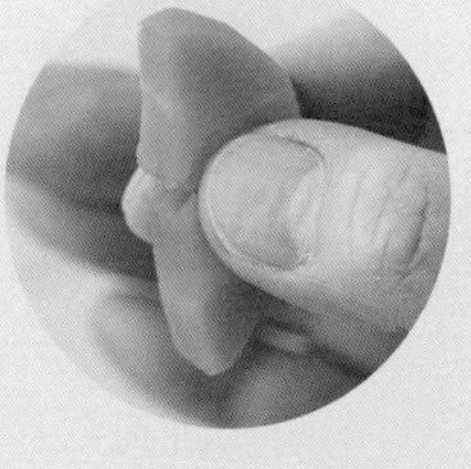

カミカミ期｜パクパク期

親指＋人さし指でつぶせる

親指＋人さし指でギュッとつぶせるのが、歯ぐきでつぶせる目安。

野菜100gのバリエーション

ほかの野菜に替えても作れます。

ブロッコリー小房5〜6個

かぼちゃ2〜3かけ

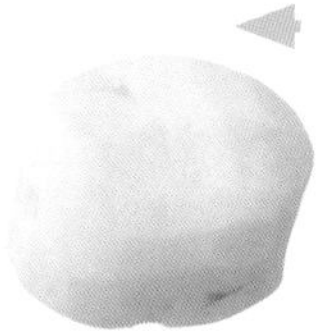

じゃがいも1個

白菜1枚

小松菜2株

きのこ1パック
繊維が多いのでモグモグ期以降に。

ゆる分け

2 かつおだしで具を煮る

かつおだしも、ゴックン期からOK。昆布だしよりうまみが強いので、食べっぷりが悪いときの食欲アップに貢献！

材料（作りやすい分量）

野菜や豆腐など
200〜250g

＋

かつおだしパック
（食塩無添加）
1袋

＋

水2.5カップ
（500㎖）

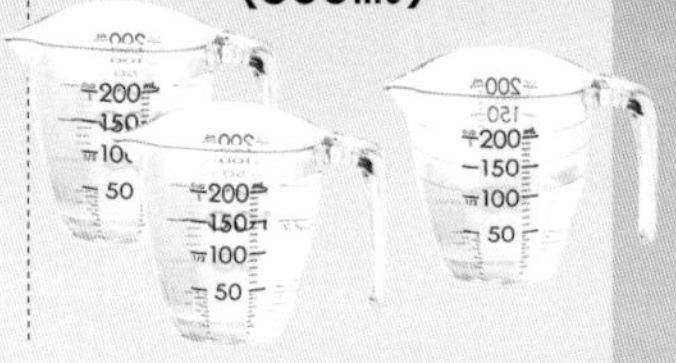

1 水から煮る

鍋に水、だしパック、玉ねぎを入れる（玉ねぎや根菜は、じっくり火を通したいので水から煮る）。中火にかけ、煮立ったら弱火にして3〜5分煮る。

2 だしパックをとり出す

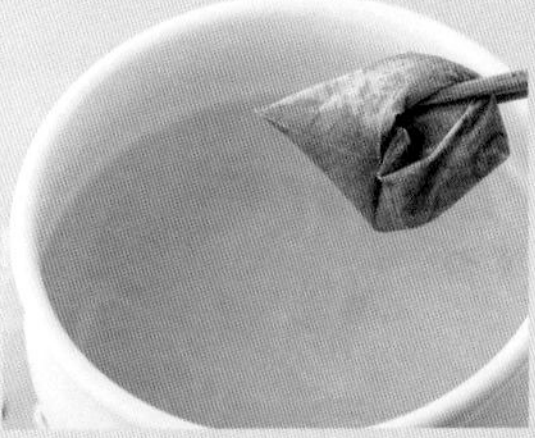

だしパックをとり出し、葉野菜や豆腐など、すぐ煮える食材を加えてさっと煮る。大人はここにみそ大さじ1.5をとけば、みそ汁に。

赤ちゃんの分だけ
だしをとりたい！

簡単かつおだしの作り方

耐熱容器にかつお節5gを入れ、湯200㎖を注いで5〜10分おき、茶こしでこす。少量を手軽に作りたいときにおすすめです！

ゆる分け

3

野菜を蒸す

ゆでるより栄養価を損なわず、やわらかくできる「野菜蒸し」。大人も生野菜より量を食べられるのでおすすめ。

いろいろな野菜をやわらかく

フライパン蒸し

フライパンに食べやすく切ったにんじん、じゃがいも、アスパラガス、ブロッコリーなどと、水50mℓくらいを入れ、ふたをして中火にかける。蒸気が出たら弱火にし、やわらかくなるまで蒸す。

ブロッコリーやアスパラガスは先に火が通るので、3〜4分でとり出す。再びふたをして、根菜がやわらかくなるまで蒸す。

スチーマーで少量から手軽に

電子レンジ蒸し

かぼちゃやじゃがいもは、100gにつき2分（600W）が加熱の目安。小さいシリコンスチーマーは、100〜200gを蒸すのに便利！大人はマッシュしてサラダに。

かぼちゃは、スプーンで身をこそげて皮を除くのがラク。

ごはんといっしょに炊くだけ！

炊飯器蒸し

さつまいもは、じっくり蒸すほど甘くやわらかくなるので、炊飯器蒸しがおすすめ。大人のごはんと同時に蒸し上がり♪左側のようにアルミホイルで包むと、色移りを防げます。かぼちゃ、にんじんなどもOK。

＼ 何を選ぶ？ ／

ゴックン期

5〜6ヵ月ごろ

おすすめの食材

スタートのころの進め方（p.60）、
調理のコツ（p.88〜）を参照。

1つ選んで **1さじから**

ビタミン・ミネラルチーム

野菜

つぶしやすくて甘い、かぼちゃやにんじんからスタート。慣れたら鉄・カルシウムの豊富な青菜や、ブロッコリー、トマトなども挑戦してみて。10gくらいまで。

海藻 も
少しとり入れてみて

ごく少量〜

青のりはおかゆの味変えに。食べるときにまぜて、むせないように湿らせます。

果物 で
一部を補ってもOK

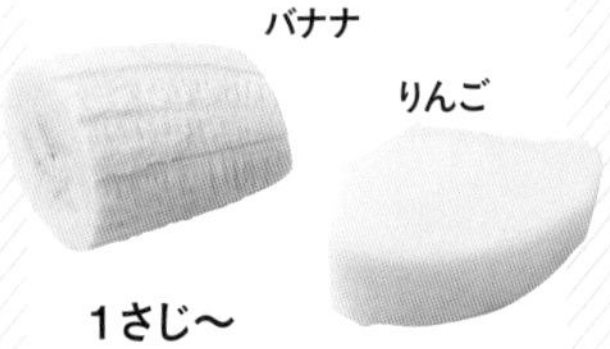

1さじ〜

果物は窒息を防ぐため、やわらかく加熱を。バナナは甘みを足したいときに便利。

＋

1つ選んで **1さじから**

炭水化物チーム

10倍がゆ
1さじ〜

米粒をなめらかにすりつぶし、ポタージュくらい、または、ぽってりした状態に調節します。40gくらいまで。

★10倍がゆの作り方は p.59、61

小麦製品はおかゆに慣れてから

うどんがゆ
1さじ〜

おかゆに慣れ、小麦製品を最初に試すなら、うどんがおすすめ。

★うどんがゆの作り方は p.53

パンがゆ
1さじ〜

うどんや卵、牛乳に慣れたら、シンプルな食パンでパンがゆにトライ。

★パンがゆの作り方は p.53

1つ選んで 1さじから

たんぱく質チーム

大豆製品

きな粉
ごく少量〜

Fe Ca

粉末状で消化吸収がよいですが、気管に吸い込まないように注意。おかゆなどとまぜて湿らせて。

豆乳
1さじ〜

Fe Ca

砂糖を使っていない「無調整」タイプを選びます。まろやかな味わいになって、栄養価もアップ。30mℓ（大さじ2）まで。

絹ごし豆腐
1さじ〜

Fe Ca

なめらかにしやすく、最初のたんぱく質にぴったり。表面に雑菌がつきやすいので、必ず加熱します。25gまで。

魚

しらす干し
1さじ〜

Ca DHA Vitamin D

熱湯で塩抜きして使います。小さいながら骨まで食べられ、カルシウム補給におすすめ！ 親子で食べましょう。10gまで。

真鯛
1さじ〜

DHA Vitamin D

魚デビューは、低脂肪の白身魚から。鯛はうまみと栄養が豊か。大人の刺し身1切れを分けて調理するのが簡単。10gまで。

肉

まだ
食べさせません

肉は脂肪が多く、なめらかに調理するのもむずかしいため、この時期の赤ちゃんには不向き。

乳製品

育児用ミルク
湯でといて1さじ〜

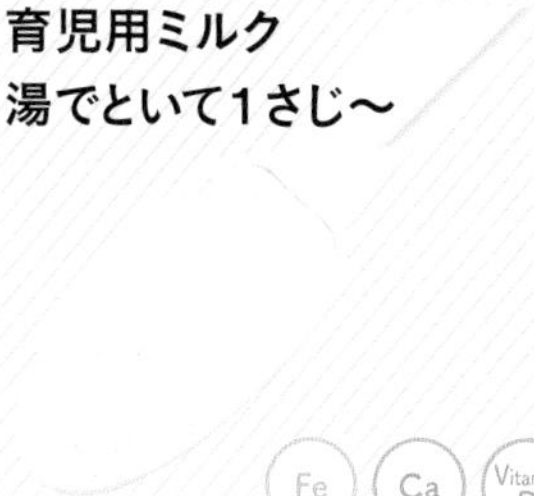

Fe Ca Vitamin D

育児用ミルクを飲んでいれば、牛乳・乳製品アレルギーの心配はありません。調理にも使ってOKです。

★乳製品の与え方 p.52

卵

かたゆで卵黄
1さじ〜

Fe Vitamin D

豆腐や魚に慣れたら、卵白よりアレルゲン性の低い「かたゆで卵黄」を1さじから慎重に進めます。

★卵の与え方 p.52

ゴックン期

5〜6ヵ月ごろ
大人ごはんと同時に作る 調理のコツ

- ☑ どの食材もなめらかにする
- ☑ すりつぶし、裏ごし、ブレンダーは好みでOK
- ☑ 湯冷まし、だし、スープ、湯でといた粉ミルク、豆乳などで、食材をとろとろ状にのばす
- ☑ はじめて与える食材は1種類で、1さじから

▶82ページ

玉ねぎ＋にんじん＋大根＋キャベツ

昆布だし野菜スープからゆる分け

1 やわらかく煮た野菜をとり出し、なめらかに

すりつぶす

スープの野菜を1〜2個すり鉢に入れ、すりこ木ですりつぶします。かたまりをなくし、なめらかに。

裏ごしする

裏ごしすると、網の目を通して繊維やかたまりを除けるので、口あたりよくなめらかにできます。

ブレンダー

キャベツやほうれんそうなど繊維のある野菜は、ブレンダーがラク！ 少量すぎると刃が回らないので、分量は多めに。

2 スープでのばしてとろとろ状に

なめらかにした野菜にスープを加え、赤ちゃんが飲み込みやすいようにとろとろ状にのばします。

キャベツと玉ねぎのとろとろ　大根のとろとろ　にんじんのとろとろ

フリージングの基本（p.62）

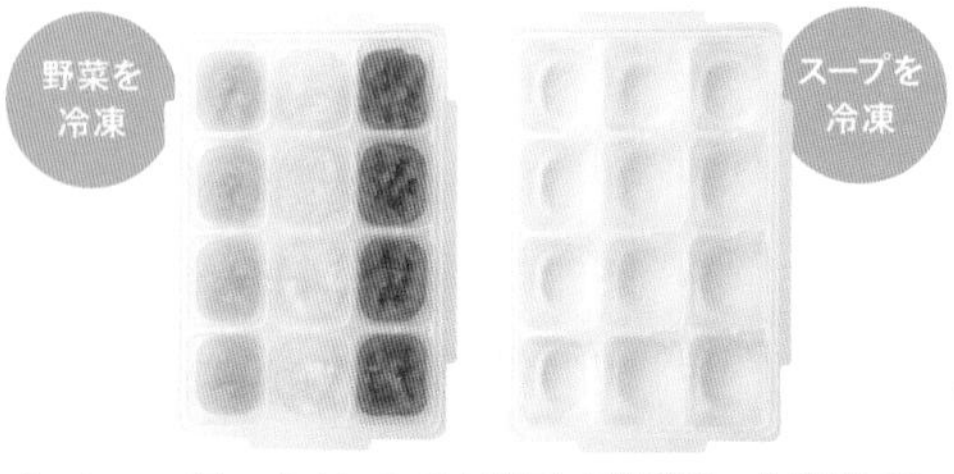

余ったスープや、多めにペースト状にした野菜は、小分けしてフリージングしておくと便利です。

ふわふわ豆腐

スープでのばして野菜のうまみもじんわり

プラス たんぱく質

豆腐をさっと野菜スープに通して加熱する

すり鉢に入れ、なめらかにすりつぶします。スープを足して飲み込みやすい状態に調整しましょう。

赤ちゃんに豆腐を食べさせるときは、表面の殺菌が必要です。熱湯や熱々のスープにくぐらせればOK。

鯛のスープ煮

魚の繊維をよくほぐしてしっとり食感に

プラス たんぱく質

鯛の刺し身を野菜スープでしゃぶしゃぶ

魚は裏ごしがむずかしいので、すりつぶすのがおすすめ。スープをまぜながら、すりつぶします。

大人の刺し身を1切れ、スープの中でしゃぶしゃぶします。中心までしっかり火を通します。

鯛のミルク煮

魚を食べない子もミルク味でゴックン

Arrange

スープのかわりに湯でといた粉ミルクでのばすと、赤ちゃん好みの甘さに。だしや豆乳でもかまいません。

時間のないときは
フリーズドライでも

湯でといた形状

ベビーフードの魚の裏ごしフリーズドライも便利。湯をかけるとすぐに、しっとりふわふわにもどります。

大人の野菜をちょい分け

離乳食で使うのはごく少量。大人の野菜の一部を、新鮮なうちに分けましょう。どれも加熱して食べさせます。

生 から トマト

皮と種がついたまま裏ごし

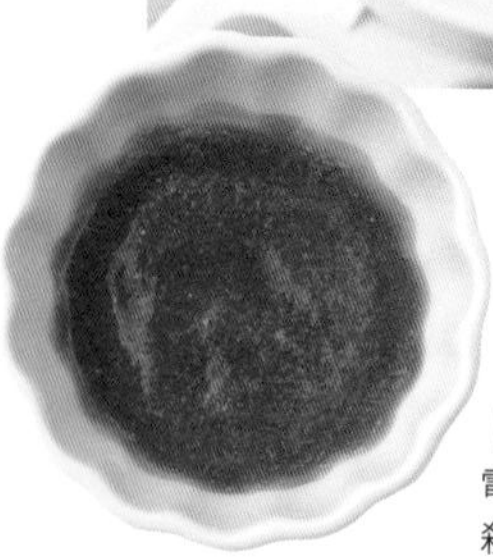

ざく切りにしたトマトをこし網にのせ、スプーンの背で押しつけます。皮と種が残って、果肉だけが網の目を通ります。

トマトのとろとろ

電子レンジで加熱して熱々にすると殺菌ができ、甘みも増します。

蒸す スープ から かぼちゃ

やわらかく加熱して、すりつぶす

野菜スープで煮てもよいし、フライパン・電子レンジ・炊飯器でやわらかく蒸しても (p.85)。すり鉢ですりつぶします。

かぼちゃのとろとろ

モソモソしやすいので、湯冷ましや野菜スープでゆるめましょう。

蒸す スープ から ブロッコリー

つぶつぶをていねいに裏ごし

くずれるくらいやわらかく煮る（蒸す）のがおすすめ。穂先の部分だけを裏ごしするか、なめらかにすりつぶします。

ブロッコリーのとろとろ

野菜スープや湯冷ましでのばして、ゴックンしやすい形状に。

ゆでる から ほうれんそう

裏ごしよりブレンダーがラク

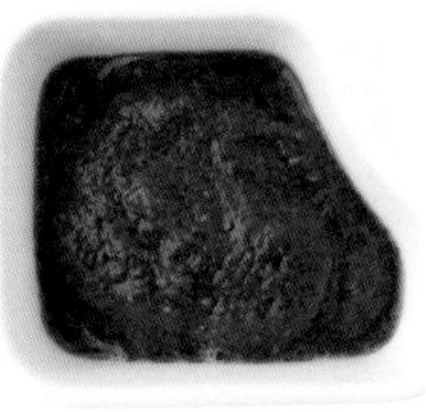

熱湯でゆでて水にとり、しぼってざく切りに。ブレンダーでペースト状にします。回りにくければ、湯冷ましを少し足して。

ほうれんそうのとろとろ

おかゆや豆腐、バナナなどとまぜると、まろやかになって食べやすいです。

蒸す から

さつまいも

炊飯器で蒸すのがおすすめ

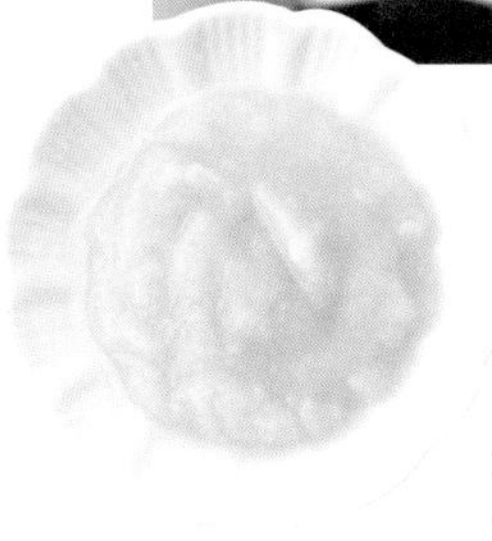

ゆでてもよいですが、皮つきのまま炊飯器蒸しが簡単！ あら熱がとれたら皮をむいて、すり鉢ですりつぶします。

さつまいものとろとろ

湯冷ましなどの水分を足してとろとろ状に。甘みがあって赤ちゃん好み。

蒸す スープ から

じゃがいも

やわらかく加熱して、すりつぶす

野菜スープで煮てもよいし、フライパン・電子レンジ・炊飯器でやわらかく蒸しても(p.85)。すり鉢ですりつぶします。

じゃがいものとろとろ

野菜スープや湯冷ましでのばすととろみが出て、飲み込みやすい！

大人の果物をちょい分け

野菜を中心に食べさせて、果物は少量から試してみましょう。最初は加熱して、消化吸収をよくしましょう。

生 から

りんご

レンチンして、裏ごしする

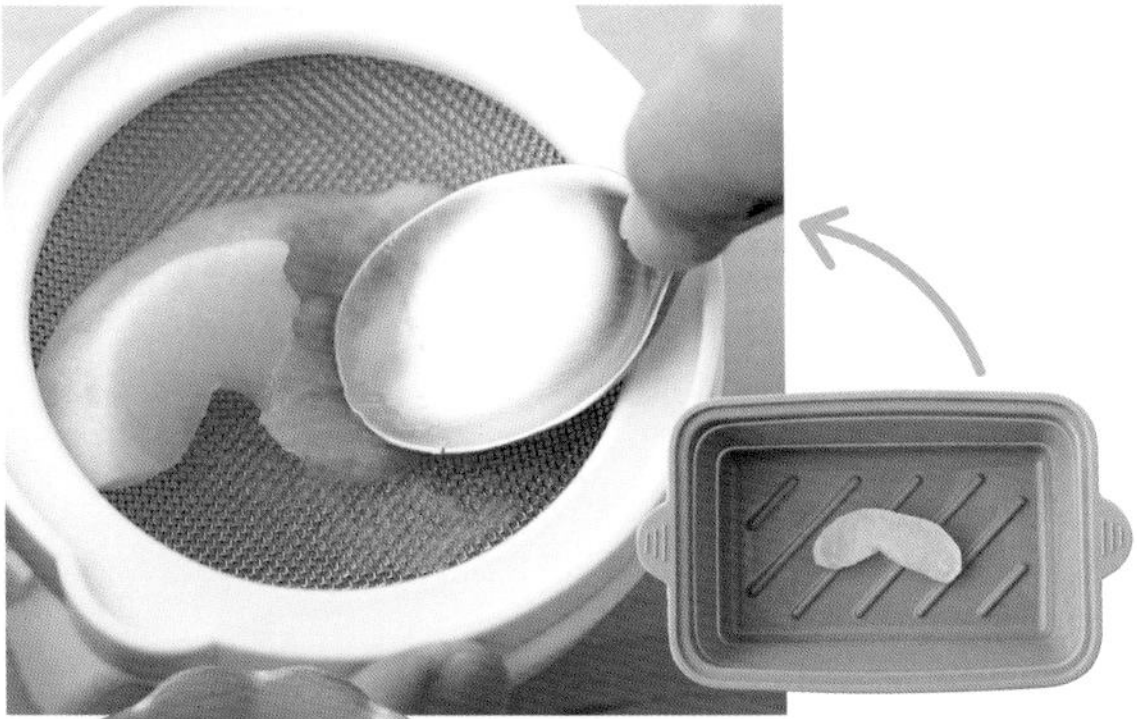

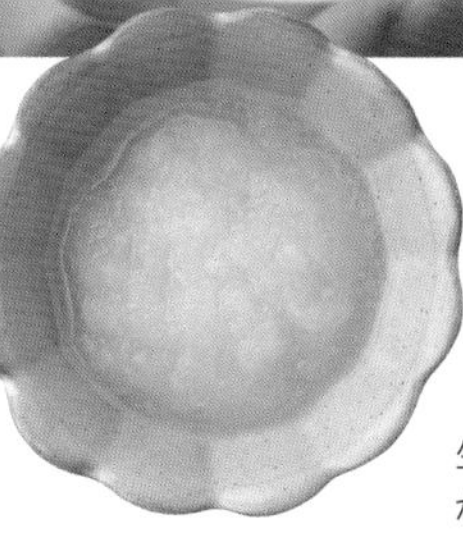

シリコンスチーマーにくし形切り1枚（10g）と水少々を入れ、ふたをして電子レンジで1分加熱し、裏ごしします。

りんごのとろとろ

生のすりおろしはNG。必ずやわらかく加熱してください。

生 から

バナナ

食べる直前にすりつぶす

離乳食期はずっと大活躍！ 変色しやすいので、食べる直前にすり鉢ですりつぶし、電子レンジで熱々に加熱します。

バナナのとろとろ

甘くてとろみがあるので、苦手な野菜とまぜてあげても。

大人のたんぱく質食材をちょい分け

そのままのしらす干しや、生卵、半熟卵をあげるのはNG。消化機能が未熟なうちは、食べさせ方を工夫します。

しらす干し

まとめて塩抜きして冷凍がおすすめ

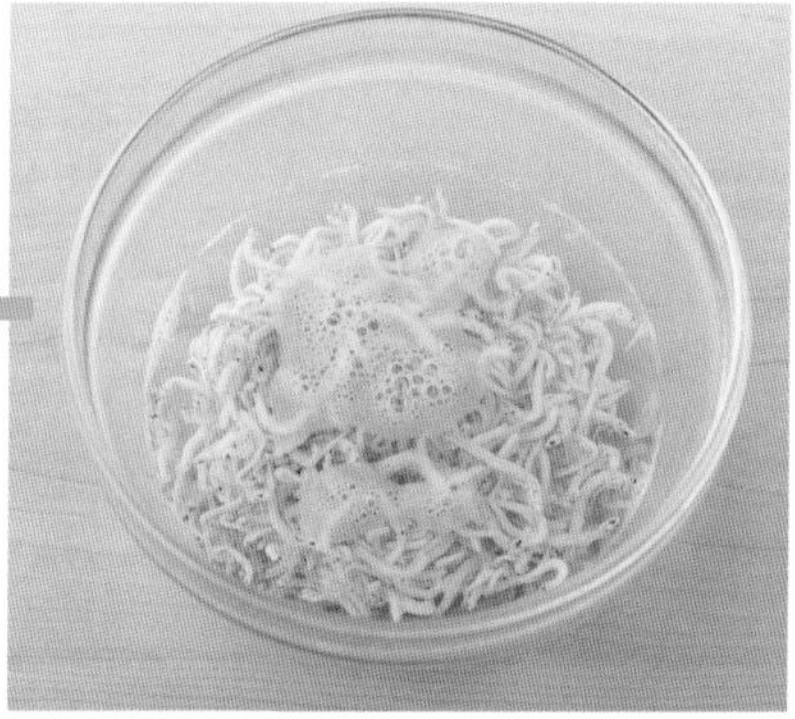

赤ちゃんは塩分を排出する機能が未熟です。しらす干しを熱湯に5分ほどひたして塩抜きを。

茶こしなどで湯をきり、すりつぶします。20〜30gほど、まとめて作業しておくと効率的。

しらすのとろとろ

湯冷ましや野菜スープでのばしたり、おかゆやいもにまぜると食べやすい。

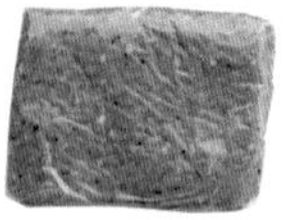

ラップで包んで冷凍しても

かたゆで卵黄

湯でとくか、おかゆなどにまぜる

食物アレルギー対策として、卵はかたゆで卵黄を少量から始め、ふやしていきます（p.52）。

ポロポロ状なので、湯冷ましなどの水分を補ってまぜると、すぐになめらかになります。

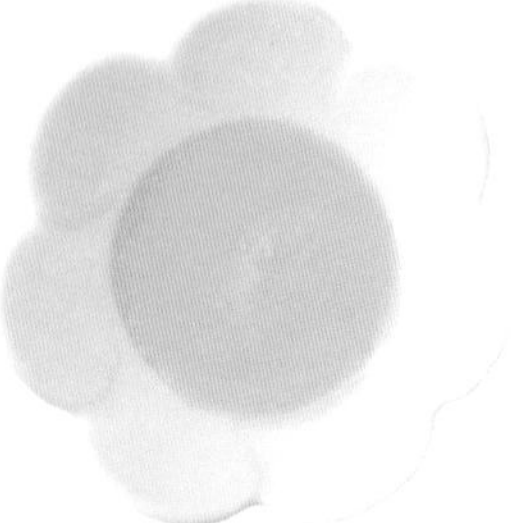

卵黄のとろとろ

おかゆやパンがゆにまぜる、野菜とあえる、など。まろやかなコクが出ます。

育児用ミルク

粉ミルクは湯でといてから

おかゆや野菜が食べすすまないときは、湯でといた粉ミルクで甘みを足しても。

きな粉

おかゆなどにまぜる

トッピング感覚で味変え、栄養アップができます。まぜてから食べさせて。

親子で食材がおそろい♪

ゆる分け献立できちゃった！

離乳食に使った食材を、大人もしっかり食べましょう。形状は違っても、親子で同じものを食べる献立に。

大人ごはん　昆布だし野菜スープに豆腐やたらを加えて

昆布だし野菜スープを小鍋にとり分け、豆腐、たら、ねぎなどをプラスして和風鍋に。ポン酢しょうゆで。

Babyごはん　昆布だし野菜スープからゆる分け

- □おかゆ
- □にんじんのとろとろ
- □ふわふわ豆腐
- □スープ

具のにんじん、スープにさっと通した豆腐をおかずに。スープはゴックンしやすさの調節にも役立ちます。

大人ごはん　しらすと納豆をのせた爆速！バクダン丼

離乳食で使ったしらす干し、ブロッコリーと、納豆や卵黄をのせて丼に！ りんごにヨーグルトをプラスし、カルシウム強化。

Babyごはん　カルシウム強化のしらすのっけ

- □しらすがゆ
- □ブロッコリーのとろとろ
- □りんごのとろとろ

カルシウムの豊富なしらす干しは、おかゆとの相性も◎。果物はりんごにチャレンジ。

大人ごはん　ほうれんそうペースト入り鉄強化パンケーキ

ホットケーキミックス200g、卵1個、牛乳140㎖、ブレンダーにかけたほうれんそう50gをまぜてフライパンで焼きます。冷凍OK。添える飲み物を豆乳や牛乳にすれば、たんぱく質もとれます。

Babyごはん　青菜を豆腐とごはんにまぜながら

- □おかゆ
- □ほうれんそうのとろとろ
- □ふわふわ豆腐

ほうれんそうや豆腐は、ゴックン期の鉄補給に貴重な食材。ときどき登場させて。

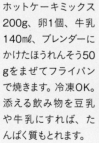

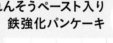

＼ 何をどれくらい？ ／

モグモグ期

7～8カ月ごろ

1回分の目安量

食欲や体格には個人差があるので
分量はあくまでも目安です。

ぜんぶで20～30g

ビタミン・ミネラルチーム

野菜

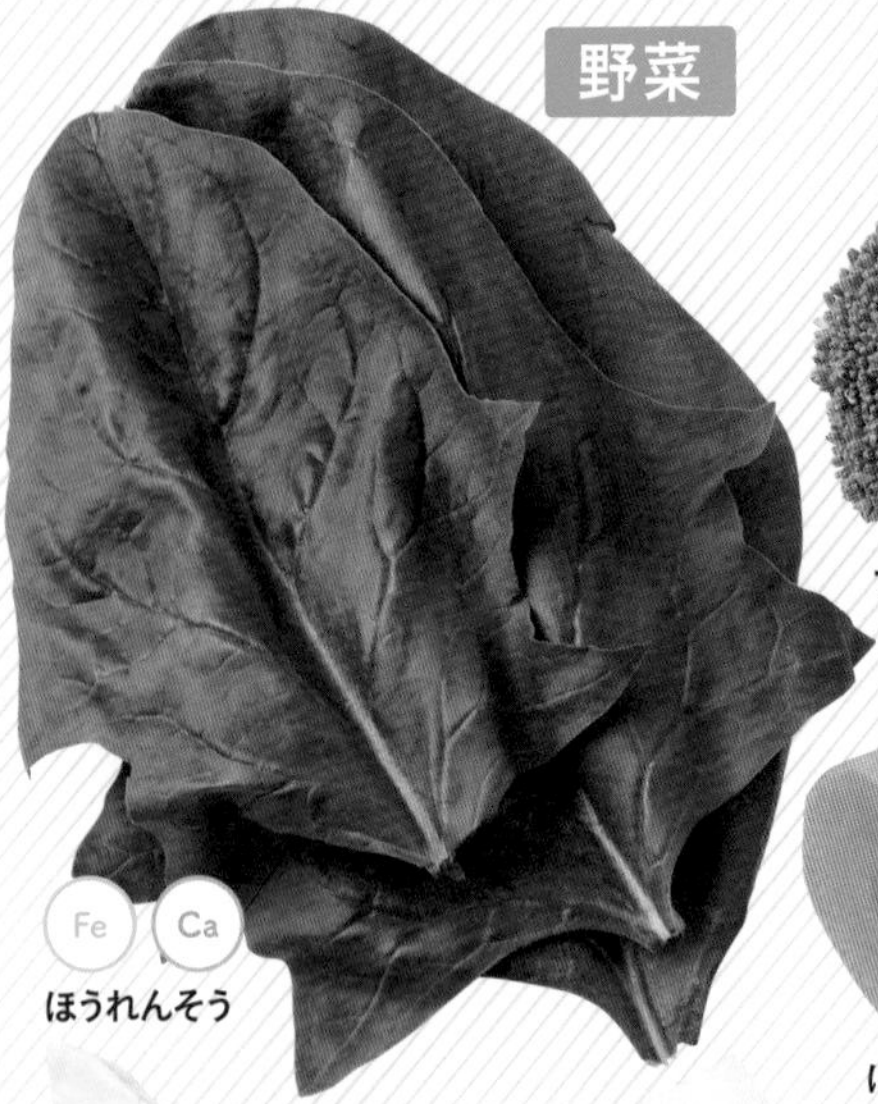

Fe Ca

ほうれんそう

ブロッコリー

にんじん

キャベツ

大根

かぼちゃ

やわらかく調理すれば、どの野菜も食べられます。繊維の多い青菜やキャベツはこまかく刻み、とろみをつけると食べやすくなります。

海藻 も少しとり入れてみて

焼きのり（8つ切り）
1枚

焼きのりはのどにはりつきやすいので、ちぎって、水で湿らせるか、おかゆなどにまぜて。

果物 で一部を補ってもOK

いちご

バナナ

5～10g

お楽しみとして。ビタミン補給になり、甘みと酸味が献立のアクセントに。

＋

1つ選ぶ

炭水化物チーム

7倍がゆ
→5倍がゆ
50～80g

7倍がゆ（米1：水7）、5倍がゆ（米1：水5で炊く）へと、食べる様子を見ながら少しずつ水分を減らします。量もふやしていきます。

ゆでうどん
35～55g
（1/5玉弱～1/4玉強）

弾力があるので、こまかく刻んでから、やわらかくなるまで煮ます。

食パン
15～20g
（8枚切り1/3枚～1/2枚弱）

油脂や塩分の少ないシンプルな食パンをちぎるか刻み、くたくたに煮ます。

オートミール
小さじ1～

消化がよくないので、よく煮て少量から試してみて。

そうめん（乾めん）
10～15g

乾燥の状態で短く折り、下ゆでしてから煮ます。

パスタはかたいのでカミカミ期から

2つ以上選ぶときは量を調節

たんぱく質は成長に欠かせない栄養素ですが、赤ちゃんはたんぱく質を消化することが苦手。2種類を使うときは1/2量ずつに、3種類を使うときは1/3量ずつにするなど、量を調節します。

1つ選ぶ

たんぱく質チーム

魚

生鮭
10〜15g
DHA Vitamin D

塩鮭は、甘塩でも塩分が多め。生鮭を選び、脂肪が少ない部分を使います。

ツナ水煮
10〜15g

DHA Vitamin D

食塩無添加の水煮（スープ煮）缶をストック。トマト煮、ツナじゃが、パンがゆなどに。

まぐろ
10〜15g
DHA Vitamin D

まぐろはDHAやビタミンDの供給源。特売を狙って購入し、大人も鉄火丼やポキに！

肉

鶏ささ身
10〜15g

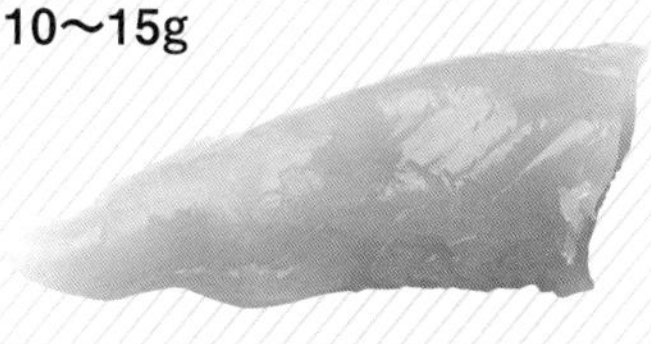

ささ身は、脂肪が少なくてやわらかく、良質なたんぱく質源。肉のスタートにおすすめ。

鶏レバー粉末
小さじ1/3
以下
Fe

ベビーフードの鶏レバー粉末で、手軽に鉄補給。使用量はパッケージの表示をチェック。

乳製品

プレーンヨーグルト
50〜70g

Ca

無糖のプレーンヨーグルトを。とろみのあるなめらかな舌ざわりが、この時期にぴったり。

育児用ミルク
付属のスプーン
3杯まで

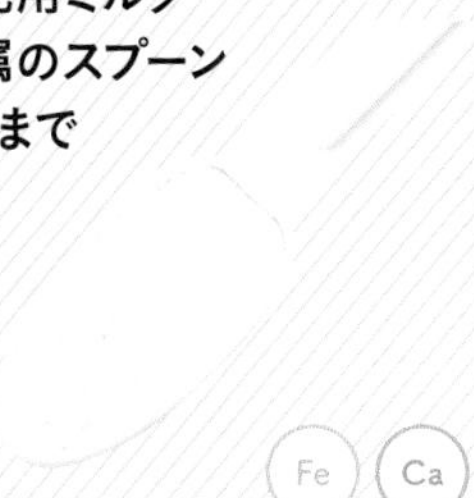

Fe Ca Vitamin D

鉄・カルシウムなどが不足している心配があれば、育児用ミルクを調理に使ってみましょう。

大豆製品

絹ごし豆腐
30〜40g
Fe Ca

ゴックン期から食べ慣れている、手軽なたんぱく質食材。軽い力でつぶせるため、舌でモグモグする練習に最適です。

＋

ひき割り納豆
10〜15g
Fe Ca

納豆は発酵により、大豆より高栄養！刻んである“ひき割り”がラク。最初は加熱して、消化をよくしましょう。

卵

卵黄1個〜
全卵1/3個
Fe Vitamin D

卵黄の量をふやしていけたら、卵白もごく少量から試します。1回のたんぱく質量としては全卵1/3個が目安。

★卵の与え方 p.52

モグモグ期

7～8カ月ごろ

大人ごはんと同時に作る

調理のコツ

- ☑ ポタージュ状につぶつぶが少しまざるくらいから試す
- ☑ かたいものは“とろみ”をつけると飲み込みやすい
- ☑ モグモグに慣れてきたら、おかゆをかたくする、粒を大きめにするなど、試してみる
- ☑ 単品だったり、まぜたり、変化させると飽きない

82ページ

玉ねぎ＋にんじん＋大根＋チンゲンサイ

昆布だし野菜スープからゆる分け

同じ野菜で食感チェンジ

つぶしにんじん

よくつぶすと、やわらかな粒が少し残る状態。つぶしかげんで食感が変わります。

おろしにんじん

なめらかな食感が、モグモグ期の赤ちゃん好み。魚や肉とあえるのにも使えます。

刻みにんじん

包丁でこまかく刻みます。1mm大、2mm大、3mm大など食べる様子で変えてみて。

フリージングの基本（p.62）

ミックス野菜スープを冷凍

刻んだ野菜とスープを小分け冷凍すると、リゾットや煮込みうどんに便利！

やわらかく煮た野菜をモグモグしやすい形状に

つぶす

にんじんや大根をポリ袋に入れ、すりこ木などで押しつぶします。ラップで包み、指でもみつぶしても簡単。

すりおろす

生をすりおろすと、加熱してもつぶつぶ感が残りやすいです。加熱してからすりおろすと甘く、舌ざわりなめらか！

刻む

チンゲンサイはアクが少ないので、スープの具におすすめ。くたくたに煮て、こまかく刻みます。

プラス たんぱく質 ミックス野菜スープにしらす干しを足す

野菜スープ・刻んでやわらかくゆでたうどん・塩抜きしたしらす干し(p.99)を耐熱ボウルへ。電子レンジで熱々にチン！で完成。

しらす煮込みうどん

昆布だしと魚のだしでホッとする和風味に。

プラス たんぱく質 ミックス野菜スープに生鮭を足す

それぞれ加熱した、おかゆ・野菜スープ・鮭(p.99)を合わせます。生鮭はツナや鶏ささ身にしても。3つの栄養源がワンボウルで完結。

鮭のリゾット

スープのうまみたっぷりで、彩りも◎。

豆腐＋白菜＋にんじん かつおだし煮からゆる分け

だしで煮た具を赤ちゃんへ

具は白菜1枚、にんじん4㎝、絹ごし豆腐小1パック。一口大に切って、やわらかく煮ます。

つぶし豆腐＆にんじん

豆腐とにんじんをつぶして、盛り合わせ。

Arrange

鶏レバーまぜまぜ

鶏レバー粉末をまぜて鉄強化メニューに！

あんかけがゆ

だしにとろみをつけて(p.69)、刻んだ具をまぜればあんかけに。

大人の野菜をちょい分け

やわらかく加熱するのは、ゴックン期と同じ。モグモグする様子を見ながら、水分やつぶつぶ感を調節します。

蒸す スープ から ブロッコリー

穂先のみ包丁でそぎとる

小房をやわらかく加熱し、モグモグ期までは穂先のやわらかい部分を食べさせて。包丁でそぎとって刻みます。

ブロッコリーのスープ煮

スープなどでしっとりさせ、粒が気になるならとろみをつけても。

ゆでる スープ から 青菜（ほうれんそう、小松菜など）

縦、横に、こまかく刻む

加熱した青菜は、縦に切って横向きにおき、端から刻みます。繊維を断ち切って、長い部分が残らないように。

ほうれんそうのスープ煮

青くささがあるので、スープや湯でといた粉ミルクなどであえて。

蒸す スープ から さつまいも

かたまりをくずしながらつぶす

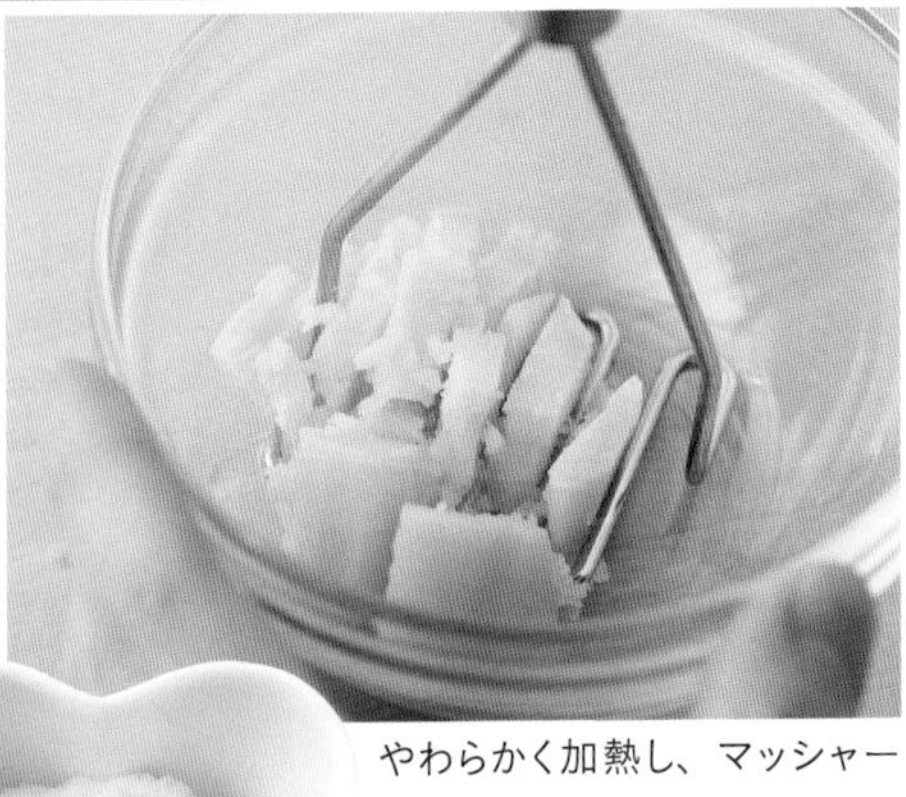

やわらかく加熱し、マッシャーやすりこ木でつぶします。かたさを見て水分を加え、舌ざわりをなめらかに。

さつまいものヨーグルトあえ

水分調節には、ヨーグルトも使えます。さっぱりした味わいに。

蒸す スープ から かぼちゃ

水分を足して調整しながら

かぼちゃは水分量に個体差があるので、パサつくときは水分を加えて調整します。湯冷まし、スープ、豆乳などお好みで。

かぼちゃのトマトジュースあえ

トマトジュース（食塩無添加）とあえても、ほどよい酸味が好相性。

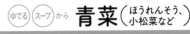

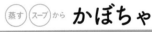

大人のたんぱく質食材をちょい分け

鮭や赤身の魚、納豆、鶏ささ身など、食べられるたんぱく質食材がふえます。大人から一部を分けてあげて！

生鮭・まぐろ

水を少し足してレンチン

耐熱容器に生鮭10g、水小さじ1/2を入れ、ラップをかけて電子レンジ（600W）で10～20秒ずつ加熱。ほぐします。

フィッシュフレーク

赤ちゃん仕様のフレーク。水を足して加熱すると、しっとりします。

しらす干し

塩抜きしてからみじん切り

離乳食期はずっと、塩抜きが必要です。熱湯に5分ほどひたしてから、茶こしなどで湯をきり、こまかく刻みます。

しらすがゆ

おかゆにまぜるのが定番。トッピングで手軽にカルシウムON！

ひき割り納豆

最初は加熱して食べさせる

消化するのに慣れるまでは、スープやだし、おかゆなどとまぜて加熱を。電子レンジで熱々にチン！すればOK。

納豆汁

粘りけで、汁にとろみがつきます。ここにおかゆやうどんを入れても◎。

ツナ

水煮をさっと湯通しする

ノンオイルの水煮やスープ煮でも、食塩を使っている場合は湯通しを。加熱ずみなので、そのまま食べられます。

しっとりツナ

かたまりがあると舌でつぶしにくいので、箸でほぐします。

そぎ切りにしてからレンチン　鶏ささ身

そぎ切りして繊維を断つと、加熱後にほぐしやすいです。ささ身1本をシリコンスチーマーに入れ、水大さじ1を振り、電子レンジ（600W）へ。

40秒〜1分加熱し、あら熱がとれるまで蒸らし、こまかくほぐします。ラップをかけて、めん棒でコロコロしてもほぐしやすい！

しっとりささ身

水分とまぜながらほぐすと、しっとり。最初はおかゆやいもとまぜて。

卵白もごく少量から始める　かたゆで全卵

かたゆで卵を作り（p.52）、卵白を刻みます。はじめて食べさせるときは、ほんの少しだけ。

食べ慣れた卵黄に、卵白を少しまぜて挑戦。食後は体調に変化がないか、様子を見て。

卵パンがゆ

パンがゆに卵黄と卵白をまぜるだけ。まろやかなコクが出ます。

チーズ

カテージチーズがおすすめ

カテージチーズは脂肪分と塩分が少なく、クセがなくて離乳食向き。

ヨーグルト

さっと作りたいときに大活躍

バナナときな粉で酸味をやわらげて。朝食やおやつにさっと作れます。

親子で食材がおそろい♪

ゆる分け献立できちゃった！

野菜スープ、かつおだし煮、蒸し野菜をシェアして、親子それぞれのメニューに！ 食材や栄養素はおそろい♡

大人ごはん 昆布だし野菜スープをパスタに

野菜スープに鮭、パスタを入れて、大人も一皿ごはん。好みで黒こしょうや粉チーズを振り、味の調整を。

Babyごはん 昆布だし野菜スープをリゾットに

□鮭のリゾット（p.97）

野菜スープと鮭、おかゆで栄養完結。見た目もかわいくて、保育園で人気のメニュー。

大人ごはん 焼き魚とみそ汁の和定食に

具をゆる分けしたら、かつおだし煮にみそをといてみそ汁に。ぶり照りでDHA&ビタミンDもしっかり補給。

Babyごはん かつおだしで煮た具をゆる分け

□つぶし豆腐&にんじん（p.97）
□青のりがゆ
□かつおだし

大人のみそ汁の具で、献立ができちゃった！ かつおだしを赤ちゃんにもおすそ分け。

大人ごはん ゆで卵と蒸し野菜でトルティーヤ

蒸したにんじん、アスパラガス、マヨネーズであえたゆで卵をトルティーヤで巻いて、簡単ごはん。時間のあるときに作っておけるので、助かります！

Babyごはん 卵白入り卵パンがゆで栄養チャージ

□卵パンがゆ（p.100）
□ゆる分け蒸し野菜

卵はたんぱく質、鉄やビタミンDなど栄養素の宝庫。蒸したにんじん、ブロッコリーを添えて彩りよく。

＼ 何をどれくらい？ ／

カミカミ期

9〜11ヵ月ごろ

1回分の目安量

食欲や体格には個人差があるので
分量はあくまでも目安です。

ぜんぶで30〜40g

ビタミン・ミネラルチーム

野菜

やわらかく加熱し、こまかく刻めば、青菜の茎もカミカミできるように。なすやパプリカ、ミニトマトなども、皮はかたいのでむいて調理します。

海藻 も
少しとり入れてみて

ひじき
大さじ1

ひじきはやわらかい水煮を使うとラク。乾燥の場合は水でもどし、やわらかく煮ます。

果物 で
一部を補ってもOK

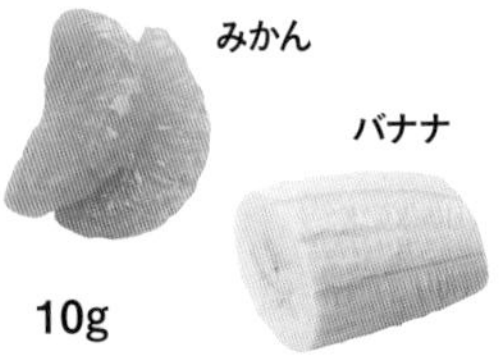

10g

かんきつ類やぶどうは薄皮をむき、大きければ切って。手づかみで食べられます。

1つ選ぶ

炭水化物チーム

5倍がゆ90g
→軟飯80g

5倍がゆ（米1：水5）に慣れたら、軟飯（米1：水3〜2で炊く）にしていきます。

ゆでうどん60〜90g
(1/3玉弱〜1/2玉弱)

2〜3㎝長さに切って、歯ぐきでつぶせるくらいやわらかく煮ます。

食パン25〜35g
(8枚切り1/2枚〜2/3枚)

パンがゆのほか、後半には手づかみでロールサンドやトーストにも挑戦。

オートミール
15gまで

はじめて食べるときはよく煮て、少量から。

そうめん(乾めん)
20〜30g

パスタ(乾めん)
15〜25g

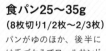

2つ以上選ぶときは量を調節

たんぱく質は成長に欠かせない栄養素ですが、赤ちゃんはたんぱく質を消化することが苦手。2種類を使うときは1/2量ずつに、3種類を使うときは1/3量ずつにするなど、量を調節します。

1つ選ぶ

たんぱく質チーム

魚

DHA Vitamin D

生鮭 15g

ビタミンD含有量が断トツ。日光浴できないときは、意識して食べたい魚です。骨と皮を除いて。

DHA Vitamin D

まぐろ 15g

赤身は脂質が少ないため、加熱するとかたくなりやすいです。とろみをつけるなど工夫を。

あさり水煮 5〜15g

鉄が豊富なので、親子で貧血予防に活用しましょう。身をこまかく刻みます。

Fe

DHA Vitamin D

あじ 15g

カミカミ期から、あじやいわしなどの青背の魚にチャレンジ！小骨をとり除いて。

肉

牛・豚 赤身ひき肉 15g

鶏肉に慣れたら、牛肉や豚肉もスタート。鉄が豊富なのは、牛肉の赤身。

Fe

鶏ひき肉 15g

できれば脂肪の少ない胸ひき肉を。脂の多い白っぽい部分は避けます。

鶏レバー 15g

鶏、牛、豚のどれでもOKですが、鶏レバーがやわらか。鉄補給には最強！ビタミンAが多いので、とりすぎ注意。

Fe

鶏胸肉 または鶏もも肉 15g

胸肉、もも肉も食べられます。皮や余分な脂肪はとり除いて調理します。

乳製品

プロセスチーズ 12g

Ca

ピザ用、スライスなどお好みで。脂肪分、塩分が多いので、食べすぎに注意します。

育児用ミルク 付属のスプーン 4杯まで

Fe Ca Vitamin D

ミルク味のスープやシチュー、パスタに使って、鉄・カルシウム・ビタミンDなどを補給。

大豆製品

木綿豆腐 45g

Fe Ca

木綿豆腐は、絹ごし豆腐よりかたさが増し、歯ぐきでカミカミする練習にぴったり。栄養価も高くなります。

小粒納豆 20g （大さじ山盛り1）

Fe Ca

刻まなくても、歯ぐきでつぶせるやわらかさ。おかゆにのせるだけでたんぱく質がとれて、忙しいときに便利！

卵

全卵 1/2個

Fe Vitamin D

モグモグ期にかたゆで卵白を試して慣れたら、かたゆで全卵1/2個まで食べられます。半熟はNG。

カミカミ期

9～11カ月ごろ

大人ごはんと同時に作る 調理のコツ

- おかゆは5倍がゆから
- 食材を少し大きく → 少しかたくしていく
- あらみじん切り、角切り、薄切りなど 切り方を変えると、口を動かす練習になる
- 手づかみメニューに挑戦してみる
- 鉄強化食材を毎日とり入れる

▶82ページ

玉ねぎ＋にんじん＋大根＋ブロッコリー

昆布だし野菜スープからゆる分け

あらめにつぶす

野菜はモグモグ期よりあらめにつぶしたり、大きめの角切りにしたり。歯ぐきでしっかりかんでいることを確認しながら、大きさを調節。

すりおろしてソース風に

野菜をすりおろしたり、すりつぶしたりして、パサつきがちな魚や肉のソースに。ジューシーでしっとりするので、食べやすさがアップ！

やわらかく煮た野菜を手づかみで

一口では口に入らない、3～4㎝大の平べったい野菜で、一口量をかじりとる練習を。最初はうまくいかなくて当然！ 見守って。

にんじん、大根は
一口大より大きいサイズにして
（輪切り、半月切りなど）
前歯でかみ切ろう

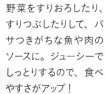

プラス たんぱく質 あさり水煮とミルクを加えて煮る

昆布だし野菜スープの半量に、あさり水煮小1缶（130g）を投入！赤ちゃん用をとり分けたあと、大人用は牛乳100mℓを足して煮ます。

クラムチャウダー

野菜とあさり2～3個をとり分けて刻み、スープ大さじ2、湯でといた粉ミルク大さじ1～2をまぜます。

プラス たんぱく質 鶏もも肉を野菜といっしょに煮る

昆布だし野菜スープを作るときに、一口大に切った鶏もも肉1枚を野菜といっしょに入れて煮るだけ（p.110）。

チキンポトフ

赤ちゃん用は、野菜と鶏肉を5～7mm角に。

高野豆腐＋小松菜＋玉ねぎ かつおだし煮からゆる分け

▶84ページ

だしで煮た具を赤ちゃんへ

だしで煮る具は、食べやすく切った小松菜2株、玉ねぎ1/4個、高野豆腐（細切りタイプ）1/2カップ。赤ちゃん用に適量をとり分けます。

具を刻んで

高野豆腐は絹ごし豆腐の3～4倍の栄養価なので、試してみて。歯ぐきでかみにくいので、みじん切りに。

だし煮ができた！

刻んだ具と、かつおだしをまぜるだけで栄養満点。

Arrange

おかゆをまぜて“ねこまんま”

うまみたっぷりの汁かけごはんは、疲れた日や、食欲のない日も食べやすい。

冷凍OK

手づかみバリエーション

食べる意欲を育てる、手づかみの機会をふやしましょう！ 多めに作って、冷凍しておくのもおすすめ。

かぼちゃお焼き

前歯でかじりやすい“平たい円形”に

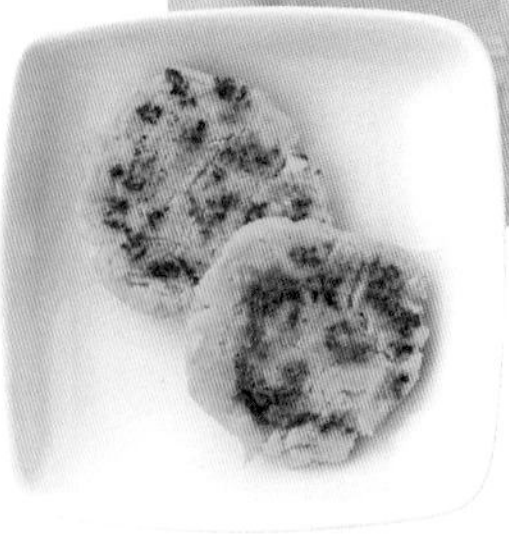

しらすかぼちゃお焼き

かぼちゃが水っぽいときは、かたくり粉でかたさを調節しましょう。

作り方（1回分）

蒸したかぼちゃ20gに、塩抜きしたしらす干し10gをまぜます。2等分して平たい円形にまとめ、フライパンで両面を焼きます。

じゃがいもお焼き

ポロポロするものをまぜやすい

納豆じゃがいもお焼き

納豆は粘りけがあるのでまとめやすく、焼くと香ばしい。

作り方（1回分）

蒸したじゃがいも20gに、ひき割り納豆10gをまぜ、2等分して平たい円形に。フライパンで両面をこんがり焼いて完成です！

軟飯お焼き

スプーンで落とし焼きにする

ツナ軟飯お焼き

水分の多い軟飯も、焼きかためれば手づかみできます。

作り方（1回分）

軟飯80gに、湯通ししたツナ水煮15gをまぜます。4等分し、スプーンでフライパンに落とし入れて円形にととのえ、両面を焼いて。

そうめんお焼き

焼くとくっついてまとまる

野菜そうめんお焼き

余ったそうめんをリメイクしてもOK。カリッ&もっちり食感が美味。

作り方（1回分）

そうめん20gはやわらかくゆで、3～4cm長さに刻み、つぶしたスープ煮の野菜（p.104）30gをまぜます。フライパンに広げ、両面を焼いて6～8等分にカット。

フライパンは樹脂加工のものを使用。油少々を引いてもかまいません。

オートミールお焼き

5～6倍の水でよく煮てから焼く

作り方（1回分）
鍋にオートミール15g、バナナ10g、水75mℓを入れて火にかけ、水分がなくなってどろどろになるまで煮ます。

4等分し、スプーンでフライパンに落とし入れて円形にととのえ、両面を焼きます。

バナナオートミールお焼き

バナナの甘みがベストマッチ。しっかり煮ると、消化がよくなります。

豆腐ステーキ

かつお節をまぶして焼く

作り方（1回分）
木綿豆腐45gは5～7㎜厚さの手づかみサイズに。かつお節適量をまぶし、フライパンで両面を焼きます。

おかか豆腐ステーキ

焼くと、手づかみしやすい！ かつお節が食べにくければ粉末にしてまぶしてください。

ふわふわ卵焼き

豆乳を足してレンジでチン

作り方（2回分）
シリコンスチーマーにとき卵1個分、ひじき（もどしたもの）大さじ1、豆乳大さじ3を入れてまぜ、ふたをして電子レンジ（600W）で2分ほど加熱します。

ひじき入り卵焼き

豆乳はミルクでも。液体を多めに入れるのでふわふわの食感に。

大人のたんぱく質食材をちょい分け

納豆やチーズは、そのままで食べられます。かたい肉や生の刺し身は無理なので、赤ちゃん仕様にしましょう。

魚

野菜といっしょにレンジ蒸し

ベビー・アクアパッツァ

魚をほぐします。野菜の食感が残るので、おかゆなどとまぜて。

作り方（1回分）

シリコンスチーマーに玉ねぎ、トマト、小松菜など野菜30gをみじん切りにして入れ、白身魚15gをのせ、水小さじ1を振り、ふたをして電子レンジ（600W）で1分ほど加熱します。

ひき肉

豆腐と合わせてつくねに

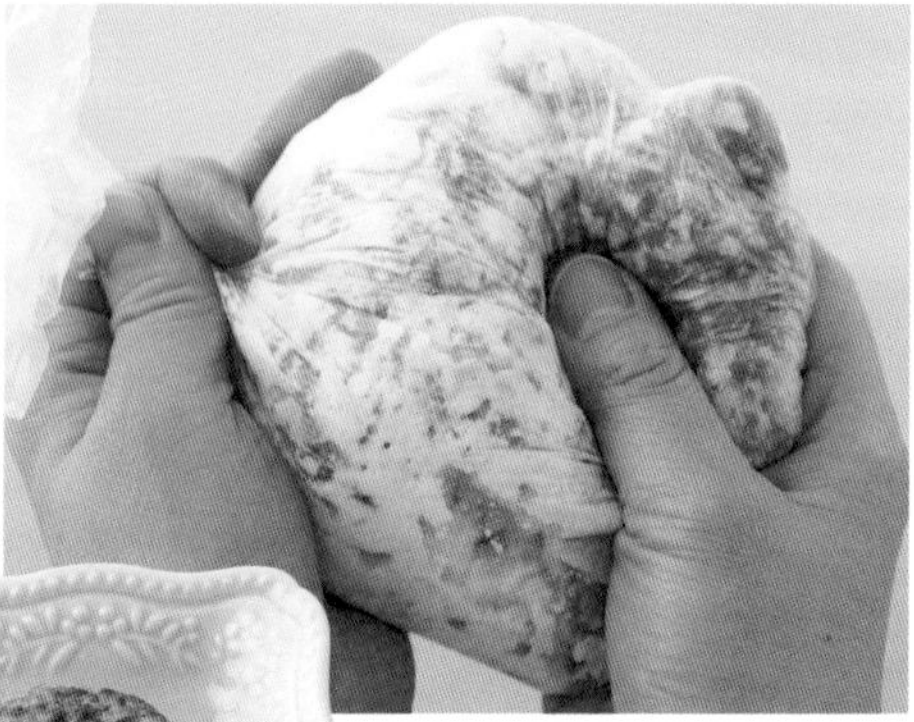

やわらか鶏つくね

赤ちゃんには1個を分けて、大人にはごはんに合う甘辛い味つけに。

作り方（作りやすい分量）

ポリ袋に絹ごし豆腐と鶏ひき肉を150gずつ入れ、もみまぜます。15等分して楕円形にまとめ、両面を焼いてつくねに。

冷凍OK

小粒納豆

慣れたら加熱なしでOK

納豆ごはん

納豆に添える焼きのりは水で湿らせて。のりの風味で食がすすむことも！

食べさせ方（1回分）

大人の小粒納豆から20gほどとり分け、おかゆや軟飯にのせましょう。納豆をはじめて食べる場合は、消化がよくなるように、電子レンジで熱々に加熱します。

プロセスチーズ

スライスなら1日に2/3枚まで

かぼちゃチーズロール

蒸したかぼちゃはパンのペーストになり、チーズとも相性◎。

作り方（1回分）

サンドイッチ用食パン2枚に、それぞれ蒸してつぶしたかぼちゃ15g、スライスチーズ1/3枚をのせ、くるくると巻きます。一口大に薄く切るか、かじらせて。

親子で食材がおそろい♪

ゆる分け献立できちゃった！

味つけ前にゆる分けして、小さく切ったり、やわらかくしたり。ちょっとの工夫で、親子で同じ献立になります。

大人は甘辛だれにとろみをつけると、肉によくからむ

やわらか鶏つくね献立

鶏つくね

材料（作りやすい分量・赤ちゃんは1人分）

鶏ひき肉…150g
絹ごし豆腐…150g
米油…小さじ1
A｜しょうゆ、みりん、水…各大さじ1
　｜かたくり粉…小さじ1

蒸し野菜（p.85）…適量
ごはん…茶わん1杯分
5倍がゆ…90g
（または軟飯80g）

作り方

1 ひき肉と豆腐はポリ袋に入れ、もみまぜる（p.108）。15等分して楕円形にまとめる。

2 フライパンに米油を熱し、**1**の両面を焼いて火を通す。赤ちゃん用に、1つは器に盛る（いくつかとり分けて冷凍しても）。

3 残りの**2**に**A**をまぜ合わせて加え、とろみがつくまで煮からめる。大人用を器に盛り、好みでいり白ごまを振る。

4 それぞれに蒸し野菜を添え、赤ちゃん用は手づかみしやすい大きさに切る。おかゆ、ごはんを盛り、大人は好みで赤じそふりかけを振る。

ゆる分け Memo

肉だんご汁にアレンジも！

肉だねに苦手な野菜やきのこを刻んで入れてもOK。丸めて汁に入れれば、肉だんご汁や肉だんごシチューにもできます。

昆布だしに鶏肉のうまみも加わって、食べごたえ満足♪

チキンポトフ献立

チキンポトフ

材料（作りやすい分量・赤ちゃんは1人分）
鶏もも肉…1枚
玉ねぎ…1/2個（100g）
大根…3cm（100g）
にんじん…1/2本（100g）
ブロッコリー…小房5〜6個（100g）
A｜昆布…1枚（5×10cm）
　｜水…600mℓ
B｜顆粒コンソメ…小さじ1
　｜塩、こしょう…各少々

米粉パン…3個（1個30g）

作り方

1 鶏肉は一口大に切る。玉ねぎは1cm厚さのくし形切り、大根とにんじんは7〜8mm厚さの一口大に切る。

2 鍋に鶏肉、野菜、**A**を入れ、ふたをして中火にかける。煮立ったら、弱火にして20分煮る（水分が減ったら、少し水を足す）。

3 赤ちゃん用に野菜30〜40g、鶏肉15gくらいをとり分け、食べやすい大きさに切る。器に盛り、スープを足す。

4 残りの**2**は**B**で味つけし、大人用の器に盛り、好みで粒マスタードを添える。パン3個は、1個を手づかみしやすい厚さに切り、赤ちゃん用にする。

ゆる分けPoint

鶏肉はキッチンばさみで5〜7mm大に

やわらかく煮た野菜はフォークでも小さくできますが、鶏肉はキッチンばさみを使うとラク！赤ちゃんが食べやすいサイズにカットしましょう。

米にのっけて炊くだけ！ 乾燥ひじきがふっくらもどる

鮭とひじきの炊き込みごはん献立

鮭とひじきの炊き込みごはん

材料（作りやすい分量・赤ちゃんは1人分）

米…2カップ（360mℓ）
生鮭…1切れ
ひじき（乾燥）…大さじ1
※長い部分をこまかく砕いて計量する

高野豆腐と野菜のかつおだし煮

（p.105）

作り方

1 米は洗って炊飯器の内がまに入れ、2の目盛りまで水を注ぎ、ひじき、生鮭をのせて普通に炊く。

2 炊き上がったら鮭をとり出し、骨と皮を除いてほぐす。赤ちゃん用にごはん40gをとり分け、同量の水を足して電子レンジで加熱する（右参照）。とり分けた鮭10gをのせてラップをかけ、蒸らしながらあら熱をとる。

3 残りの鮭は炊飯器に戻し、好みで塩や赤じそふりかけをまぜ、大人用を盛る。

4 高野豆腐と野菜のかつおだし煮は、赤ちゃん用に野菜30g、高野豆腐2gをとり分けて食べやすく刻み、汁といっしょに器に盛る。残りの汁にみそ大さじ1.5をとき、大人用を盛る。

ゆる分けPoint

赤ちゃん用は
水を足してチン！

ごはんと水を合わせ、ラップをかけて電子レンジ（600W）で1分ほど、熱々になるまで加熱します。やわらかめがよければ、水の量をふやして。

＼何をどれくらい？／

パクパク期

1才〜1才6ヵ月ごろ

1回分の目安量

食欲や体格には個人差があるので
分量はあくまでも目安です。

ぜんぶで40〜50g

ビタミン・ミネラルチーム

野菜

かぼちゃの皮やきゅうりの皮、オクラの種は、食べられそうならそのままでも。かぶは葉に鉄やカルシウムが多いので、葉も食べて！

海藻 も
少しとり入れてみて

とろろ昆布
ひとつまみ

とろろ昆布は手軽な食材。こまかくほぐして、軟飯や汁物、パスタなどにまぜて。

果物 で
一部を補ってもOK

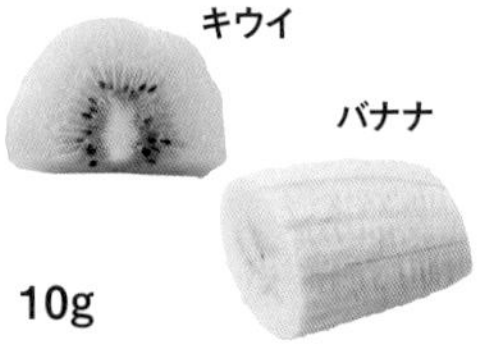

10g

ビタミン補給にも、お楽しみにもなるフルーツ。10gくらいを目安に。

1つ選ぶ

炭水化物チーム

軟飯90g
→ごはん80g

軟飯の水分を減らしていき、離乳食完了ごろは普通のごはんに。

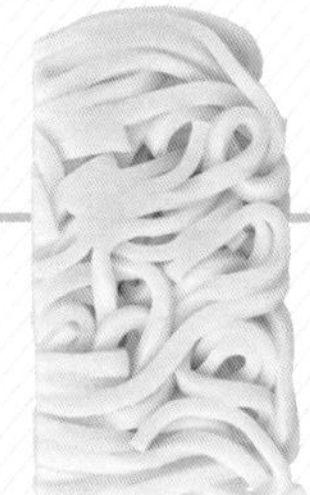

ゆでうどん
105〜130g
(1/2玉〜2/3玉)

4〜5㎝長さに切り、煮込むか、汁なし焼きうどんを手づかみさせても。

食パン40〜50g
(8枚切り4/5枚〜1枚)

シンプルな食パンを。ロールパンは脂肪分が多いので控えめに。

オートミール
30gまで

おかゆのように
とろとろに煮る。

そうめん(乾めん)
35〜40g

パスタ(乾めん)
30〜35g

2つ以上選ぶときは量を調節

たんぱく質は成長に欠かせない栄養素ですが、赤ちゃんはたんぱく質を消化することが苦手。2種類を使うときは1/2量ずつに、3種類を使うときは1/3量ずつにするなど、量を調節します。

1つ選ぶ

たんぱく質チーム

魚

DHA Vitamin D Fe

さば 15〜20g 低価格で栄養もたっぷりとれる、コスパのいい魚。新鮮なうちに調理しましょう。

DHA Vitamin D

めかじき 15〜20g 切り身に骨がなく、調理が簡単。ビタミンDはまぐろより多く、DHAも豊富です。

さば水煮 15〜20g

水煮缶をストック。骨をとり除き、さっと湯通しして塩抜きします。

DHA Vitamin D Fe

DHA Vitamin D Fe

ぶり 15〜20g DHAが豊富で、血合いには鉄も多く含まれます。脂質の少ない「背身」がおすすめ。

肉

鶏胸肉 または鶏もも肉 15〜20g

皮や余分な脂肪はとり除いて調理し、食べやすいサイズに切りましょう。

牛・豚 赤身ひき肉 15〜20g

なるべく赤身を選ぶことで、鉄が多くなり、消化に負担をかけません。

Fe

鶏レバー 15〜20g

調理が苦手なら、粉末を利用しても。大人には焼き鳥のレバー串も手軽。ビタミンAが多いので、とりすぎ注意。

Fe

牛・豚 赤身薄切り肉 15〜20g

歯ぐきでかみ切れないため、こまかく刻んだり、短めの細切りに。

Fe

乳製品

プロセスチーズ 12g

Ca

スライスチーズなら1日に2/3枚まで。ヨーグルトは100gまで食べられます。

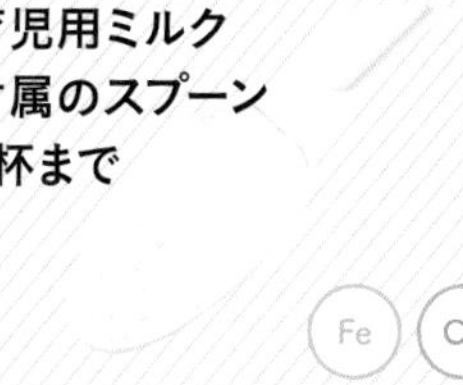

育児用ミルク 付属のスプーン 5杯まで

Fe Ca Vitamin D

フォローアップミルクに切り替えても。母乳で不足しやすい鉄やカルシウムの補給に。

大豆製品

高野豆腐 6g(1/3枚)

Fe Ca

だしでふっくら煮るほか、すりおろしておかゆやスープ、肉だんごなどにまぜても、栄養強化できます。

蒸し大豆 25g(大さじ2)

Fe Ca

納豆が苦手な子は、薄皮をむいた蒸し大豆をぜひ。軟飯にまぜたり、五目煮やトマト煮にしてもおいしい。

卵

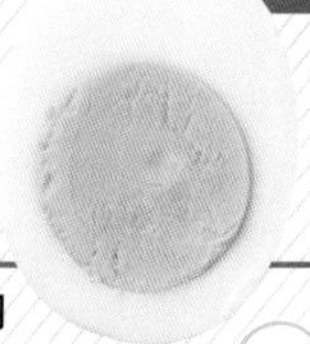

全卵 1/2〜2/3個

Fe Vitamin D

卵は良質な栄養素をバランスよく含む優等生。しっかり加熱して食べさせましょう。

うずら卵 2〜3個

Fe Vitamin D DHA

うずら卵にはDHAも豊富！ 鶏卵と同じようにしっかり加熱し、慣れるまでは少なめから試して。

パクパク期

1才～1才6ヵ月ごろ

大人ごはんと同時に作る

調理のコツ

- ☑ 大人とほぼ同じ食材が食べられる
- ☑ ふわふわ、もちもち、カリカリなど いろいろな食感でかむ力を育てる
- ☑ 脂質（DHA）の多い魚にも挑戦する
- ☑ 1才を過ぎても、薄味を守る

▶82ページ

玉ねぎ＋にんじん＋大根＋ブロッコリー

昆布だし野菜スープからゆる分け

プラス たんぱく質 野菜は角切りにして肉だんごと煮る

野菜は玉ねぎ＋にんじん＋じゃがいも＋しめじ。1cm角に切っておくと、あとから切る手間なし。

Babyごはん

肉だんごスープ

肉だんごは、箸で食べやすく割ってあげましょう。

大人ごはん

カレーに味変え

お好みのカレールウをとき、カレーの完成♪

やわらかく煮た野菜を焼いて、手づかみで

バターソテー 1才を過ぎると消化機能も発達してくるので、油脂をじょうずに活用。

粉チーズ焼き 粉チーズ少々も、食欲アップにつながります。香ばしさが人気！

親子で汁物バリエーション

汁物の場合は、薄味に調味したところで赤ちゃんにゆる分け。具は小さく切っておくか、あとからカットします。

豚汁

作り方（作りやすい分量・赤ちゃんは1人分）

1 大根3cm、にんじん1/4本は薄いいちょう切りにする。豚肉（しゃぶしゃぶ用）80gは繊維を断ち切るように細切りにする。
2 鍋に水500mℓ、かつおだしパック1個、**1**を入れ、野菜がやわらかくなるまで煮る。だしパックをとり出す。
3 みそ少々をといて赤ちゃん用に野菜40〜50g、肉15〜20gをとり分け、野菜を1cm大に切る。
4 残りの大人用はみそ大さじ1.5をといて器に盛り、好みで七味とうがらしを振る。

ゆる分けPoint

煮てから野菜をカット

やわらかく煮た野菜は、ヌードルカッターでも簡単に切れます。

さば缶とかぶの汁

作り方
（作りやすい分量・赤ちゃんは1人分）

1 かぶ（葉つき）大1個は実を1cm角に切り、葉は刻む。
2 鍋に水500mℓ、**1**を入れ、野菜がやわらかくなるまで煮る。さば水煮1缶を汁ごと加える。
3 赤ちゃん用に野菜40〜50g、さば大さじ1をとり分け、さばは骨を除いてほぐす。
4 残りの大人用は、しょうゆ少々で味をととのえる。

ゆる分けPoint

赤ちゃん用は骨をとる

骨はカルシウム源ですが、赤ちゃんにはとり除き、大人が食べて！

オクラの豆乳みそ汁

作り方（作りやすい分量・赤ちゃんは1人分）

1 オクラはへたとがくを除き、1本は縦半分に割り、種を除いて薄切りに。3本は斜め半分に切る。さつまいも小1本はいちょう切りにしてから、3かけほど皮をむいて1cm角に切る。
2 鍋に**1**、水400mℓ、かつおだしパック1個を入れ、野菜がやわらかくなるまで煮る。だしパックをとり出し、豆乳100mℓを加える。
3 みそ少々をとき、赤ちゃん用に切った野菜と汁を器に盛る。
4 残りの大人用は、みそ大さじ1.5をとく。

ゆる分けPoint

親子で切り方を変える

赤ちゃん用の野菜を切ってから煮ると、あとで切る手間が省けます。

手づかみバリエーション

軟飯は表面を焼きかためますが、ごはんになったらおにぎりでも。トースト、魚、煮物は大人もいっしょに！

魚まぜまぜ軟飯お焼き

魚のDHAをコツコツとる

鮭軟飯お焼き

作り方（1回分）
軟飯90ｇに、加熱してほぐした生鮭15〜20ｇを加えまぜる。3等分して平たい三角形にまとめ、フライパンで両面を焼く。

ツナ軟飯お焼き

作り方（1回分）
軟飯90ｇに、湯通ししたツナ水煮15〜20ｇを加えまぜる。3等分して平たい円形にまとめ、フライパンで両面を焼く。

しらす軟飯お焼き

作り方（1回分）
軟飯90ｇに、塩抜きしたしらす干し大さじ1（10ｇ）を加えまぜる。3等分して平たい俵形にまとめ、フライパンで両面を焼く。

栄養のっけトースト

具が落ちないから食べやすい

フォロミにんじんトースト

作り方（1回分）
食パン8枚切り4/5枚は4等分に切る。おろしにんじん20ｇと湯でといたフォローアップミルク大さじ1をまぜてぬり、オーブントースターでカリッと焼く。

きな粉豆乳トースト

作り方（1回分）
食パン8枚切り4/5枚は4等分に切る。きな粉と豆乳（牛乳）各小さじ2をまぜてぬり、オーブントースターでカリッと焼く。

しらすチーズトースト

作り方（1回分）
食パン8枚切り4/5枚は4等分に切る。しらす干し10ｇ、ピザ用チーズ5ｇをのせ、青のり少々を振り、オーブントースターでカリッと焼く。

高野豆腐の煮物

赤ちゃんにはこまかくカットして

高野豆腐は一口大や薄切り、細切りなどに切れているタイプを使う。

大根1.5cm厚さ、にんじん1/5本は薄く小さく切って鍋に入れ、かつおだし300mℓ、カット高野豆腐1/2カップを入れ、ふたをして弱めの中火で30分煮る。

ふっくら高野豆腐煮

高野豆腐は5mm～1cm角に刻む。残りの大人用はしょうゆ大さじ1、みりん大さじ2を加えてさらに5分煮る。

魚のスティックフライ

外はカリッ、中はふっくら揚げ焼きに

魚は生鮭、
ぶり、さわら
などでもOK

めかじきは1cm角の棒状に切り、小麦粉を薄くまぶす。

卵焼き器に深さ5mmくらいの米油を熱し、カリッと揚げ焼きにする。

かじきのスティックフライ

1才からは揚げ物に挑戦！ 魚が香ばしくなり、パサつかずにやわらかいです。大人には塩を振っても。

親子で食材がおそろい♪

ゆる分け献立できちゃった！

家族でいっしょに食べれば、楽しさ倍増！ はじめての食材や、苦手な野菜だって食べられることも。

かつおだしとしょうゆで味つけした、あっさり和風味

辛くない麻婆豆腐献立

作り方
鍋に水300mℓ、鶏ガラスープのもと小さじ1を入れて煮立て、わかめ（乾燥）大さじ1/2、ねぎの小口切り適量を加えてさっと煮る。しょうゆ小さじ1、塩・こしょう・ごま油各少々で調味する。
大人はどうぞ♪ 簡単！わかめスープ
大人ごはん
Babyごはん

辛くない麻婆豆腐

材料（作りやすい分量・赤ちゃんは1人分）

木綿豆腐…150g
豚ひき肉…50g
にんじん…1/5本
なす…1/2本
しいたけ…1枚
かつおだし…200mℓ
米油…小さじ1
水どきかたくり粉…適量
しょうゆ…大さじ1/2
ごま油…少々

ごはん…どんぶり1杯分
軟飯…90g（またはごはん80g）
キウイ（半月切り）…2枚

作り方

1 豆腐は1cm角に切る。にんじん、なす、しいたけはみじん切りにする。

2 フライパンに米油を熱し、ひき肉をいため、火が通ったら野菜を加えてさっといためる。かつおだしを加え、ふたをして5分煮る。

3 豆腐を加え、水どきかたくり粉でとろみをつける。

4 赤ちゃん用の器に軟飯を盛り、**3**を1/6量のせる。

5 残りの大人用はしょうゆ、ごま油で調味し、器にごはんを盛り、適量をのせる。

ゆる分け Point

とろみをつけてからとり分ける

煮汁に水どきかたくり粉を加え、まぜてとろみをつけます。肉がポロポロしにくい！

大人のまねをして、ぜんぶ自分で食べられるかな!?

手づかみ和定食

ふっくら高野豆腐煮(p.117)
ひじき入り卵焼き(p.107)
しらす軟飯お焼き(p.116)

しらすごはんおにぎり

材料（大人1人分）
ごはん…茶わん1杯分
しらす干し…大さじ2
いり白ごま、焼きのり…各適量

作り方

1 ふっくら高野豆腐煮は、赤ちゃん用に野菜40〜50gをとり分け、高野豆腐は少量（1〜2g）を小さく切る。

2 ひじき入り卵焼きは、赤ちゃん用に1/5量をとり分ける。

3 大人用のごはんにしらす、ごまをまぜ、2等分して俵形ににぎり、細く切ったのりを巻く。

4 大人用、赤ちゃん用の器にそれぞれ盛り合わせる。大人用の卵には、好みで青じそ、大根おろしを添えても。

ゆる分け Memo

たんぱく質食材は少量ずつ

たんぱく質食材を3つ使った献立。赤ちゃんには少量ずつ、たとえば卵1/5個、高野豆腐2g、しらす干し10gほどですが、おおまかでだいじょうぶ。

炊飯器にポイポイ入れて、肉も野菜もやわらか

炊き込みチキンライス献立

炊き込みチキンライス

材料（作りやすい分量・赤ちゃんは1人分）

米…2カップ（360mℓ）
鶏胸肉…1/2枚
玉ねぎ…1/4個
にんじん…1/4本
トマトジュース（食塩無添加）
…100mℓ

A
- 顆粒コンソメ…小さじ1/2
- トマトケチャップ…大さじ1
- 塩・こしょう…各適量

昆布だし野菜スープ（p.82）

作り方

1 鶏肉、玉ねぎ、にんじんは1cm角に切る。

2 米は洗って炊飯器の内がまに入れ、トマトジュースを入れてから2の目盛りまで水を注ぎ、**1**をのせて普通に炊く。

3 炊き上がったら、赤ちゃん用に80gを器に盛る（やわらかくする場合は、水適量を足して電子レンジで加熱する）。

4 残りの**3**に**A**を加えまぜ、大人用の器に盛る。

5 昆布だし野菜スープは、赤ちゃん用に野菜20〜30gくらいをとり出して1cm大に切り、スープといっしょに器に盛る。大人用の野菜スープも適量を盛る。

ゆる分け Point

1cm角に
切っておくとラク

材料をすべて1cm角に切ってから炊き込めば、赤ちゃんにそのまま分けるだけ。野菜は大根、キャベツなどを足してもOK。

納豆ごはんに飽きたときは、ねばねばパスタが新鮮！

ねばねば和風パスタ献立

ねばねば和風パスタ

材料（大人1人分＋赤ちゃん1人分）

スパゲッティ（早ゆでタイプ）…100g
小粒納豆…1パック
オクラ…3本
刻みのり…少々
A 塩昆布…大さじ1
　めんつゆ…少々

さば缶とかぶの汁（p.115）

作り方

1 鍋に湯を沸かし、スパゲッティを表示時間どおりにゆでる。ゆで上がり2分前に、へたとがくをとったオクラを加え、いっしょにざるに上げる。

2 オクラは赤ちゃん用に1本を縦半分に割り、種を除いて薄切りに。残りは斜め切りにする。

3 赤ちゃん用のスパゲッティ1/4〜1/3量は、ヌードルカッターで2〜3cm長さに切り、器に盛る。納豆大さじ1、薄切りのオクラ、刻みのりをのせ、まぜながら食べさせる。汁を添える。

4 大人用のスパゲッティは**A**をまぜて器に盛り、残りの納豆に添付のたれをまぜてのせ、斜め切りのオクラをのせる。汁を添える。

ゆる分けPoint

ヌードルカッターで切る

ゆでたスパゲッティをヌードルカッターで短くカット。ショートパスタにしてもラク。

1才からの

大人も食べられる“作りおき”

栄養ストックレシピ

栄養価の高いおかずを週末に作りおきしておくと、平日がラク！ 幼児期になっても活用できるレシピです。

炊飯器におまかせ！ やわらかく、いい味に

切り干し大根のしっとり煮

Fe　Ca　Vitamin D

★
保存容器に移して
冷蔵で2〜3日、
小分け冷凍で
1週間保存可

材料（作りやすい分量）

切り干し大根…30g
にんじん…1/3本（50g）
いんげん…8〜10本（50g）
豚肉（しゃぶしゃぶ用）…100g
A｜水…600mℓ
　｜かつおだしパック…1個
　｜しょうゆ、みりん…各小さじ1

作り方

1 切り干し大根はたっぷりの水にひたして5分ほどおき、水けをしぼって2〜3cm長さに切る。にんじんは2〜3cm長さの細切り、いんげんは斜め薄切りにする。豚肉は脂身をとり除き、繊維を断ち切るように細切りにする。

2 炊飯器の内がまに1、Aを入れ、普通に炊く。

栄養たっぷりの切り干し大根は、作りおきが◎。卵焼きにまぜたり、おべんとうに入れたり。家族みんなの栄養管理ができちゃう

★パクパク期は1回に大さじ2〜3。
★大人は食べる分だけ鍋に移し、しょうゆ・みりん各適量を加えて煮て、味をととのえる。

パンやオムレツなどにも“ちょいのせ”で栄養強化！

レバー入りミートソース

Fe

★
保存容器に移して
冷蔵で2〜3日、
小分け冷凍で
1週間保存可

材料（作りやすい分量）

合いびき肉…150g
鶏レバー粉末（市販）…10g
玉ねぎ…1/4個（50g）
にんじん…1/5本（30g）
しめじ…1/2パック（50g）
トマトジュース（食塩無添加）
…300mℓ
オリーブ油…大さじ1/2

作り方

1 玉ねぎ、にんじん、しめじはみじん切りにする。

2 フライパンにオリーブ油を熱し、ひき肉をいためる。肉に火が通ったら、**1**を加え、玉ねぎが半透明になるまでいためる。

3 トマトジュースと鶏レバー粉末を加え、10分ほど煮る。

鶏レバー粉末をプラスすると
鉄補給になり、コクもアップ！

粉末のレバーなら、さっと振り入れるだけ。トマト煮にすると、くさみもありません。冷凍しておけば、忙しい日の救世主に

Momo

★パクパク期は1回に1/10量。
★大人は食べる分だけフライパンに移し、顆粒コンソメ・トマトケチャップ・ウスターソース各適量を加えて煮て、味をととのえる。

1才からの

食事で足りない栄養を補う

栄養おやつレシピ

1才ごろから、栄養を補う「おやつ」をスタート。食事に影響しない「時間」と「量」を決めて、親子で楽しんで！

おやつの目安量

パクパク期
1才～1才6カ月ごろ

おやつ 1～2回

1日1～2回で野菜クラッカー12g（45kcal）＋牛乳150mℓ（100kcal）が目安。一般的に、女の子はこの2/3量ですが、体格や運動量に合わせて調整してください。

カミカミ期
9～11カ月ごろ

おやつ 0～1回

バナナなら1/2本（43kcal）＋麦茶、赤ちゃん用のビスケットなら6枚（48kcal）＋麦茶が目安。プレおやつとしてたまにあげるか、あげなくてもいい時期です。

市販のおやつの選び方

はじめてのシリアル
緑黄色野菜とくだもの

4種類の緑黄色野菜と4種類のくだもの、国産米をパフにした甘さひかえめのシリアル。オープン価格／アサヒグループ食品

赤ちゃんのやさしいおやきミックス
さつまいもと紫いも

おからベースに、国産のさつまいもと紫いもを使用。鉄・カルシウム・食物繊維入り。オープン価格／アサヒグループ食品

1歳からのおやつ＋DHA
わかめせんべい

国産米を使用し、わかめをねり込んだ、口どけしやすいおせんべい。オープン価格／アサヒグループ食品

市販品を利用するときは、鉄やカルシウム、DHA、ビタミンDなどの不足しがちな栄養素がとれるものがおすすめ。手づかみ食べの練習になるものも多いので、じょうずに活用を。食べる量は親がコントロールしましょう。

お菓子やジュースはNG。栄養を考えたおやつに

日中の授乳もあるカミカミ期は、おやつを与えなくてもOK。パクパク期から、1日1～2回のおやつを始めます。

乳幼児期は胃腸が小さく、一度にたくさん食べられないため、1日3回の食事ではとりきれない栄養を補うのがおやつ。いわば、「第4の食事」です。

そのため甘いお菓子ではなく、**エネルギー源になるごはん・ふかしいも、不足しがちなカルシウムや鉄を補給できるヨーグルト・フォローアップミルク**のほか、**ビタミンや食物繊維のとれる果物・野菜**などが適しています。

手作りおやつの材料として、米粉・きな粉・おからパウダー・オリゴ糖などもおすすめ。

おやつに添える飲み物は、麦茶か、ミルク（牛乳）でOK！ベビー用の野菜ジュースは、糖分が多いことを忘れずに。

子どもが食べやすい
もっちり感！
大人も手がのびる

フォロミきな粉もち

材料（作りやすい分量・1回に1/5量）

かたくり粉…40g
きび砂糖…20g
フォローアップミルク
…付属のスプーン3杯
湯…大さじ1
豆乳…200mℓ
A きな粉…15g
　きび砂糖…15g

作り方

1 フォローアップミルクは湯を加えてとく。

2 小鍋にかたくり粉、砂糖、**1**、豆乳を入れる。弱火にかけ、ゴムべらでまぜて粉と砂糖をとかす。

3 4分ほどまぜて、かたくり粉がかたまってきたら、手早く2〜3分ねる。

4 もっちりとした状態になったら、水でぬらした密閉容器（10×15cm程度）に入れる。

5 あら熱がとれたら、冷蔵庫で30分ほど冷やし、1〜2cm角に切り分ける。

6 ボウルに**A**を入れ、**5**を加え、ほぐしながらまぶす。

フォローアップミルクを使って栄養強化した“くずもち風”です。保育園で人気のレシピを再現！ママの栄養補給にもどうぞ

Hiro

プルーンクリームが
しっとりなじんだら
食べごろ

おからクッキーサンド

材料（8個分・1回に2個）

A｜おからパウダー、米粉
…各大さじ4

B｜豆乳、米油
…各大さじ3
きび砂糖…大さじ2

プレーンヨーグルト…大さじ3
プルーン…3個

作り方

1 ヨーグルトにプルーンをひたして冷蔵庫で一晩おき、スプーンでくずしまぜる。

2 ボウルに**B**を合わせ、泡立て器でまぜる。砂糖がとけて均一にまざったら、**A**を加える。

3 ゴムべらに替え、ひとかたまりになるまでまぜる。ポロポロするなら、豆乳を少し足す。

4 ポリ袋に入れ、3mm厚さの長方形にのばし、冷蔵庫で30分以上休ませる。

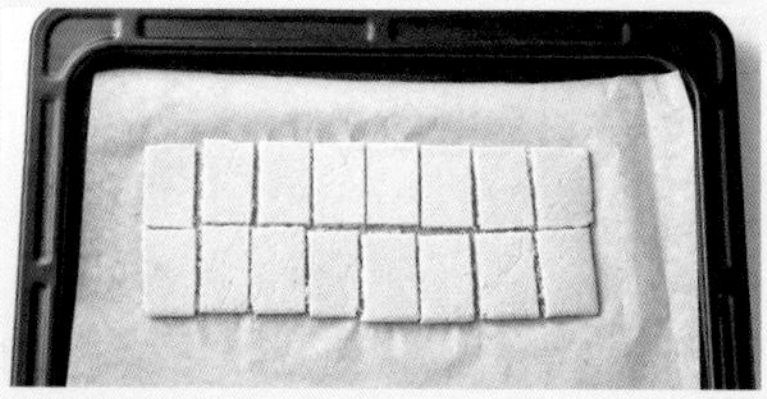

5 **4**の袋を切り開き、オーブンシートを敷いた天板にそっと出して16等分に切る。170度に予熱したオーブンで20〜25分、焼き色がつくまで焼く。クッキー2枚の間に**1**をはさむ。

★
冷蔵庫で
保存

おからパウダーは食物繊維が多く、便秘解消に◎。カルシウムが豊富なプルーンは、強い骨づくりに推奨される食材です！

Hiro

ヨーグルトソフトクッキー

ほのかな酸味が
あとひくおいしさ

ワンボウルでまぜて、オーブンで焼くだけ♪ ヨーグルトは栄養リッチなホエイ（液体部分）も使いましょう

Momo

材料（10枚分・1回に3枚）

プレーンヨーグルト…100g
オリゴ糖…25g
米粉…80g
ベーキングパウダー…3g

作り方

1 ボウルに材料をすべて入れ、ゴムべらでよくまぜる。

2 スプーンを水でぬらし、1を軽く1杯すくい、オーブンシートを敷いた天板に落としてまるく広げる。

3 160度に予熱したオーブンで15分焼く。

米粉だからもちもちで
やさしい甘み

にんじん蒸しパン

ヨーグルトの乳酸菌、にんじんの食物繊維、バナナのオリゴ糖が腸内の善玉菌を育てます。朝食にも！

Momo

材料（4個分・1回に1個）

にんじん…35g（中1/5本）
バナナ…1/2本
プレーンヨーグルト…50g
きび砂糖…大さじ1
A | 米粉…50g
　| ベーキングパウダー…6g

作り方

1 にんじんはすりおろす。Aはまぜ合わせる。

2 ボウルにバナナ、ヨーグルト、にんじんを入れ、フォークでつぶしまぜる。砂糖を加えてゴムべらでまぜ、Aを加え、さらによくまぜる（時間をあけず、すぐに蒸す）。

3 フライパンに深さ2cm程度の水を入れ、沸騰させる。シリコンカップ4つに2を分け入れて並べ、ふたをして15分蒸す。

そしゃく力に合わせて、小さくちぎって与えてください。

監修

予防医療・栄養コンサルタント
一般社団法人ラブテリ代表理事

細川モモ

両親のがん闘病を機に予防医療を志し、渡米後に最先端の栄養学に出合う。米国認定 International Nutrition Supplement Adviser の資格を取得したのち、2009 年に医療・健康・食の専門家によるプロフェッショナルチーム「ラブテリ トーキョー&ニューヨーク」を発足。母子の健康向上を活動目的とし、食と母子の健康に関する共同研究を複数手がける。2児の母。

@momohosokawa
http://www.luvtelli.com

Models

岩崎 碧くん（6カ月）&聖菜ママ
片桐成南くん（7カ月）
矢代 穂ちゃん（7カ月）
筒井七渚ちゃん（9カ月）
吉田陽音くん（1才1カ月）
奥園櫂生くん（1才1カ月）&伽奈ママ

Staff

装丁・本文デザイン　今井悦子（MET）
装画　上路ナオ子
撮影　佐山裕子、柴田和宣、松木 潤（主婦の友社）
スタイリング　ダンノマリコ
イラスト　すぎうらゆう
構成・文　水口麻子
DTP　伊大知桂子、松田修尚（主婦の友社）
校正　田杭雅子、畠山美音
編集担当　三橋亜矢子（主婦の友社）

取材協力

管理栄養士 **宮木弘子**
（ラブテリ トーキョー&ニューヨーク）

料理

落合貴子［Part 2・3］
ダンノマリコ［Part 1・栄養おやつ］

取材協力

アサヒグループ食品
富士ホーロー
明治

主な参考文献

『Baby Book Ⅱ』（Luvtelli Tokyo&NewYork）
『はじめてママ&パパの見てマネするだけ 366 日の離乳食』
上田玲子監修・落合貴子料理（主婦の友社）
『改訂版 食物アレルギーをこわがらない！はじめての離乳食』
伊藤浩明監修・上田玲子監修（主婦の友社）
『新版 子どもの食生活』上田玲子編著（ななみ書房）

成功《せいこう》する子《こ》は食《た》べ物《もの》が9割《わり》
脳《のう》と体《からだ》がすくすく育《そだ》つ離《り》乳食《にゅうしょく》

令和５年７月31日　第１刷発行

編　者　主婦の友社
発行者　平野健一
発行所　株式会社主婦の友社
〒141-0021　東京都品川区上大崎3-1-1 目黒セントラルスクエア
電話　03-5280-7537（内容・不良品等のお問い合わせ）
049-259-1236（販売）
印刷所　大日本印刷株式会社

■本のご注文は、お近くの書店または主婦の友社コールセンター（電話0120-916-892）まで。
＊お問い合わせ受付時間　月～金（祝日を除く）　10:00～16:00
＊個人のお客さまからのよくある質問のご案内　https://shufunotomo.co.jp/faq/